ÚLTIMOS CANTOS

GONÇALVES DIAS
ÚLTIMOS CANTOS

MARTIN CLARET

© *Copyright* desta edição: Editora Martin Claret Ltda., 2019.

DIREÇÃO
Martin Claret

PRODUÇÃO EDITORIAL
Carolina Marani Lima
Mayara Zucheli

DIREÇÃO DE ARTE E CAPA
José Duarte T. de Castro

IMAGEM DE CAPA
Val_Iva / Shutterstock

DIAGRAMAÇÃO
Giovana Quadrotti

REVISÃO
Rinaldo Milesi
Yara Camillo

IMPRESSÃO E ACABAMENTO
Paulus Gráfica

Este livro segue o novo Acordo Ortográfico da Língua Portuguesa.

Dados Internacionais de Catalogação na Publicação (CIP)
(Câmara Brasileira do Livro, SP, Brasil)

Dias, Gonçalves, 1823-1864.
　Últimos cantos / Gonçalves Dias. – São Paulo: Martin Claret, 2019.

Bibliografia.
ISBN 978-85-440-0218-6

1. Poesia brasileira I. Título

19-25060　　　　　　　　　　　　　　　CDD-B869.1

Índices para catálogo sistemático:
1. Poesia: Literatura brasileira B869.1
Maria Paula C. Riyuzo - Bibliotecária - CRB-8/7639

EDITORA MARTIN CLARET LTDA.
Rua Alegrete, 62 - Bairro Sumaré - CEP: 01254-010 - São Paulo, SP
Tel.: (11) 3672-8144 - www.martinclaret.com.br
Impresso em 2019

SUMÁRIO

Prefácio   7

Dedicatória   25

ÚLTIMOS CANTOS

Poesias americanas   31

Poesias diversas   81

Guia de leitura   263

Questões de vestibular   265

ULTIMOS CANTOS

POESIAS

DE

A. Gonçalves Dias.

RIO DE JANEIRO
TYPOGRAPHIA DE F. DE PAULA BRITO
Praça da Constituição n. 64

1851.

Gonçalves Dias: Lirismo, Ideologia e Convenção

JEAN PIERRE CHAUVIN*

"*A uniformidade limita, a variedade dilata*"
BALTASAR GRACIÁN.[1]

Durante muito tempo, leitores de poesia tenderam a vincular a trajetória artística e profissional de Antônio Gonçalves Dias a episódios da História do país. Porventura isso se justificasse devido ao fato de o escritor ter nascido na Província do Maranhão, em 1823, e falecido quarenta e um anos depois, quando retornava para lá. Uma contabilidade rasteira faria ver que o tempo de existência do poeta coincidiu com o período que vai do nascimento do "Estado-Nação", em 1822, e o declínio do Segundo Império, em meados da década de 1860.

Talvez o ano de 1864 colaborasse para essa interpretação. Além de perder um de seus poetas mais pródigos em um trágico naufrágio, àquela altura o país associava-se política e militarmente à Argentina e ao Uruguai, com o intuito de capitanear a questionável, sangrenta e onerosíssima Guerra da Tríplice Aliança, que só agravou a crise financeira enfrentada pelo Brasil, e aniquilou o Paraguai a mando dos ingleses — que haviam cravado a coroa e o cetro em Portugal, matriz do antigo Estado do Brasil, desde meados do século XVII.

Era o princípio do fim do regime monárquico, que três anos depois veria dissolver-se o gabinete da Conciliação (que havia harmonizado provisoriamente Liberais e Conservadores e, em 1870,

---

* Professor de Cultura e Literatura Brasileira na Escola de Comunicações e Artes da USP.
[1] Baltasar Gracián. *Arte de Ingenio, Tratado de la Agudeza*. 2ª ed. Madri: Cátedra, 2010, p. 142.

ano em que a guerra terminou, testemunharia a veiculação do *Manifesto* proclamado pelo Partido Republicano Paulista, a defender a descentralização do poder político, com a implantação do sistema federativo nas províncias.[2]

Mas o nosso diálogo começa um pouco antes. Em termos culturais e políticos, o papel de Gonçalves Dias havia sido inegável. Desde sua chegada ao Rio de Janeiro, em 1846, já formado em Direito na Universidade de Coimbra, o maranhense passou a circular ativamente nas agremiações literárias e rodas sociais, o que também franqueou o seu ingresso no Instituto Histórico e Geográfico Brasileiro, no ano seguinte, e servir diretamente aos planos de d. Pedro II.

Isso explicaria a presença de poemas encomiásticos, como é o caso de "Cumprimento de um Voto", dedicado a um grupo de senhoras que teriam comparecido à celebração oferecida por um distinto cavalheiro da cidade:

Feito às Sras. de Itapacorá, que abrilhantarão a festa do Ilmo. Sr. Antônio José Rodrigues Torres.

Se ao mísero cantor vos apraz mandar-lhe
Cantar voltas de amor, à graça tanta
Será mudo o cantor, nem há de aos ecos
A cítara incivil falar de amores?
Mandais, que sois, senhoras, minhas musas;
Quando a senhora manda o escravo cumpre
E às súplicas da musa o vate cede!
Afinada por voz a lira humilde,
Já desafeita aos sons que o peito abrandam,
À nova esfera se remonta agora.

---

[2] Consultem-se, a esse respeito: Emília Viotti da Costa. *Da Monarquia à República: momentos decisivos*. 9ª ed. São Paulo: Editora Unesp, 2009; Suely Robles Reis de Queiroz. *Política e Cultura no Império Brasileiro*. São Paulo: Brasiliense, 2010; Paula Ribeiro Ferraz. *O Império em Tempos de Conciliação: atores, ideias e discursos* (1848-1857). Belo Horizonte: Fino Traço, 2016.

A maior proximidade com os círculos de poder, ligados ao Imperador, foi decisiva para sua atuação como um dos principais representantes do ideário nacionalista, o que também explica porque referendou o índio como símbolo do herói americano. Desse modo, se os *Primeiros Cantos* continham a popularíssima "Canção do Exílio" (poema inaugural do volume), *Últimos Cantos* reunia vários de seus versos tornados mais célebres, dentre os quais "I-Juca Pirama": poemeto épico em dez cantos breves que narra o drama de pai e filho da tribo Tupi, às voltas com os Timbira.

É curioso que, desde os primeiros registros sobre a sua produção em versos, confundia-se vida e obra do escritor, como se o teor dos versos pudesse ser interpretado como testemunho reto e fidedigno do "homem" Antônio Gonçalves Dias, muitas vezes em detrimento das *personae*[3] poéticas que manejou ao sabor dos variados gêneros, estilos, temas e formas. Um dos temas recorrentes de sua produção eram os versos que tematizavam o próprio fazer poético, como se o ato de versejar estivesse irremediavelmente comprometido com o ânimo ou estado de alma do poeta. Ilustram-no as quadras de "Que me Pedes".

> Tu pedes-me[4] um canto na lira de amores,
> Um canto singelo de meigo trovar?!
> Um canto fagueiro já — triste — não pôde
> Na lira do triste fazer-se escutar.
>
> Outrora, coberto meu leito de flores,
> Um canto singelo já soube trovar;
> Mas hoje na lira, que o pranto umedece,
> As notas d'outrora não posso encontrar!
>
> Outrora os ardores que eu tinha no peito
> Em cantos singelos podia trovar;

---

[3] Conceito que se refere às personalidades inventadas artisticamente pelo poeta.
[4] Grafado desta forma na edição original (1851).

> Mas hoje, sofrendo, como hei de sorrir-me,
> Mas hoje, traído, como hei de cantar?
>
> Não peças ao bardo, que aflito suspira,
> Uns cantos alegres de meigo trovar;
> À lira quebrada só restam gemidos,
> Ao bardo traído só resta chorar.

Cada estrofe traz um lugar-comum do repertório romântico. Na primeira, o eu lírico condiciona a sua tristeza à impossibilidade de compor um "canto fagueiro". Na segunda quadra, as lágrimas impedem que ele tenha discernimento para encontrar o melhor tom. Na penúltima estrofe, lamenta que o sofrimento por traição o impeça de recuperar o ardor de outrora. Finalmente, a quadra final afirma ser um "bardo" com a "lira quebrada".

Eis uma composição tipicamente romântica, em que a *persona* poética declara que a sua verve criativa está comprometida pelas dores que sente. Embora o sofrimento o impeça de escrever a lira que haviam encomendado a ele, no plano formal, todos os versos são eneassílabos e obedecem ao esquema de rimas alternadas.

O fato é que, durante mais de um século explicou-se a melancolia do *eu poético* como se se tratasse de sintoma psicológico ou moral, impressos na "personalidade" do sujeito, devido aos infortúnios que o teriam assolado, estivesse ele na corte, no exterior, ou de volta ao Maranhão. Certamente contribuiu para esse modo de ver a biografia escrita por Manuel Bandeira em 1962.[5] Em diversas passagens do volume, Bandeira recorreu a um casuísmo interpretativo, com o fito de justificar diversas hiperinterpretações, que supunha escoradas em episódios da vida pessoal do "sujeito" Gonçalves Dias.

Para além das interpretações pontuais de Sílvio Romero e José Veríssimo, no final do século XIX, desde cedo se ressaltavam ingredientes que acabaram por rotular e limitar o valor e, consequentemente, o maior alcance de sua produção. Um exemplo disso

---

[5] Refiro-me a: *Poesia e vida de Gonçalves Dias*. São Paulo: Editora das Américas, 1962.

está no breve manual de Ronald de Carvalho, editado em 1919, três anos após sair a *História da Literatura Brasileira*, de Veríssimo. Para Carvalho, Gonçalves Dias:

> [...] foi, sem dúvida, a primeira voz definitiva da nossa poesia, aquele que nos integrou na própria consciência nacional, que nos deu a oportunidade venturosa de olharmos, rosto a rosto, nossos cenários físicos e morais. Nesse homem pouco vulgar palpita com inigualável intensidade a luz de nossos horizontes, a limpidez de nossos céus e o sonoro fragor de nossos rumorosos rios.[6]

Essas impressões foram desdobradas em *Apresentação da Poesia Brasileira*, publicado por Bandeira em 1946: "E é isto o que efetivamente se encontra em *toda* a lírica de Gonçalves Dias: uma funda nostalgia, a mágoa dos amores contrariados pelo destino, o consolo que tirava do espetáculo da natureza, do afeto dos amigos e da crença religiosa" [grifo meu].[7]

Em 1959, Afrânio Coutinho reforçou tese de que determinados parâmetros seriam capazes de definir e abarcar os pressupostos da estética romântica, em contraposição à arte dos clássicos e realistas.

> Como decorrência da liberdade, espontaneidade e individualismo, no romântico há ausência de regras e formas prescritas. A regra suprema é a inspiração individual, que dita a maneira própria de elocução. Daí o predomínio do conteúdo sobre a forma. O estilo é modelado pela individualidade do autor. Por isso, o que o caracteriza é a espontaneidade, o entusiasmo, o arrebatamento. Enquanto o classicista é preso às regras e o realista aos fatos, o romântico é movido pela vontade do artista e pelas suas emoções e reflexões.[8]

---

[6] Ronald de Carvalho. *Pequena História da Literatura Brasileira*. 13ª ed. Rio de Janeiro: F. Briguiet & Cia. Editores, 1968, p. 220.
[7] Manuel Bandeira. *Apresentação da Poesia Brasileira: seguida de uma antologia*. 2ª ed. São Paulo: Cosac Naify, 2011, pp. 53 e 56.
[8] Afrânio Coutinho. *Introdução à Literatura no Brasil*. 11ª ed. Rio de Janeiro: Civilização Brasileira, 1983, p. 147.

Em 1967, Domício Proença Filho sustentaria que o subjetivismo seria "um dos traços fundamentais do Romantismo. A realidade é revelada através da atitude pessoal do escritor. Não há a preocupação com modelos a seguir. O artista traz à tona o seu mundo interior, com plena liberdade".[9] Aproximadamente na mesma época, Antonio Candido e José Aderaldo Castello retrataram o Romantismo brasileiro como movimento de resgate de valores tomados à Idade Média europeia e recuaram, imprecisamente, o "indianismo" como tema "brasileiro" em curso desde o século XVI:

[...] a busca do equivalente dessa tendência medievalista, por força do nacionalismo romântico. Ela é encontrada no indianismo, *cujas raízes se estendem até o século XVI*, ou às nossas origens. Define-se com a poesia de Gonçalves Dias e, depois do poema de Gonçalves de Magalhães — "A Confederação dos Tamoios" —, com a crítica que lhe dirige José de Alencar e logo a seguir com o romance que este cultiva [grifo meu].[10]

Provoca espanto que isso acontecesse, especialmente se levarmos em conta o que declarava o poeta, na "Advertência" a Últimos Cantos, meses antes de sua publicação em 1851: "[...] o meu último volume de poesias soltas, os últimos arpejos de uma lira, cujas cordas foram estalando muitas aos balanços ásperos da desventura, e outras, talvez a maior parte, com as dores de um espírito enfermo, — fictícias, mas nem por isso menos agudas".[11]

Ora, se aceitarmos o depoimento do autor, deveríamos admitir que o poeta tinha plena consciência de que poesia é artifício. Aliás,

---

[9] Domício Proença Filho. *Estilos de Época na Literatura: através de textos comentados*. 8ª ed. São Paulo: Ática, 1984, p. 180.

[10] Antonio Candido; José Aderaldo Castello. *Presença da Literatura Brasileira — I: Das Origens ao Romantismo*. 11ª ed. São Paulo: Difel, 1982, p. 207.

[11] O adjetivo "aguda" mantinha relação com precisão aquilina, visão penetrante. "Agudeza" era um conceito bastante conhecido dos bacharéis e letrados portugueses e brasileiros, no século XIX. O termo circulava em diversos tratados desde o século XVII, com o sentido dado pelo espanhol Baltasar Gracián em *Arte de Ingenio, Tratado de Agudeza*, publicado em 1642.

bastaria folhear o volume para comprová-lo. Talvez o exemplo mais evidente disso, em Últimos Cantos, seja o poema "Sonho de Virgem", em que o esquema de rimas é discriminado logo abaixo do título: "A. D. A. C. C. A.". Outra amostra disso está no diálogo de "A Mãe D'Água" com a figura de Narciso, legado pelas *Metamorfoses* de Ovídio:

> Entanto o menino se curva e se inclina
> Para a visão;
> E a mãe lhe dizia: Não vejas, meu filho,
> Que é tentação.
>
> E o belo menino, dizendo consigo —
> Que bem fiz eu!
> Por ver o tesouro gentil, engraçado,
> Que já é seu:
>
> Atira-se às águas: num grito medonho
> A mãe lastimável — Meu filho! — bradou:
> Respondem-lhe os ecos, porém voz humana
> Aos gritos da triste não torna: — aqui estou!

Esse modo de ver perdurou até o final do século XX. Somente nos últimos vinte anos, o critério biográfico-interpretativo tem sido relativizado por estudiosos do Romantismo brasileiro, o que nos permitiria superar uma leitura aderente ao amálgama entre vida e obra. Ainda há quem recorra ao biografismo, sem qualquer mediação, para "explicar" a arte da *persona*/poeta, supondo decifrar coração e mente do autor/homem em seus versos.

Outro tema recorrente em sua obra, não exclusivamente em *Últimos Cantos*, evidencia o seu repertório como admirador da poesia de temática bucólica, como se vê especialmente nos versos de "A Pastora":

Vai, pastora, vai depressa,
Já começa
O sol no vale a brilhar;
Vai, que as tuas companheiras,
Galhofeiras,
Lá estão com ele a folgar!

Pela aldeia entre os pastores
Vão rumores
De que tens uma rival,
Nessa Alteia, a tua antiga,
Doce amiga,
Que te quer hoje tão mal!

Tu não sabes que os amores
São traidores,
Que o homem não sabe amar;
E que diz: Esta é mais bela;
Mas aquela
É que me sabe agradar!

Tenho d'Alteia receios,
Que tem meios
De prender um coração.
E viva, bela, engraçada,
Festejada
Nos cantares do serão.

Nessa mesma perspectiva, em "Urge o Tempo", o poeta recorre à tópica da brevidade da vida, a evocar o *carpe diem* horaciano:

Tudo se muda aqui! somente o afeto,
Que se gera e se nutre em almas grandes,
Não acaba, não muda; vai crescendo,
Co' o tempo avulta, mais aumenta em forças,
E a própria morte o purifica e alinda.

Semelha estátua erguida entre ruínas,
Firme na base, intacta, mais bela
Depois que o tempo a rodeou de estragos.

Apesar disso, desde o advento do Romantismo no Brasil, os críticos literários alimentam a sanha por "descobrir" a última "intenção" do poeta; a "verdade" primitiva comunicada pelo eu-lírico, com o intuito de melhor "explicar" os seus versos. Em 1970, Alfredo Bosi parecia reverberar o que os manuais de literatura brasileira haviam sentenciado desde o final do século dezenove:

> Gonçalves Dias foi o primeiro poeta autêntico a emergir em nosso Romantismo. Se manteve com a literatura do grupo de Magalhães mais de um contato (passadismo, pendor filosofante), a sua personalidade de artista soube transformar os temas comuns em obras poéticas duradouras que o situam muito acima dos predecessores. E repito a observação feita em outro capítulo: de Glaura [,] de Silva Alvarenga[,] aos Primeiros Cantos [De Gonçalves Dias], não se escreveu no Brasil nada digno do nome de poesia.[12]

Esquece-se, talvez propositadamente, que o "homem" Antônio Gonçalves Dias, filho de João Manuel Gonçalves Dias e de Vicência Ferreira, nascido e falecido no Maranhão, bacharel em Direito, viajado, erudito, poliglota e político, não se confundia necessariamente com as *personae* poética que inventou. Ele não era obrigatoriamente espontâneo, quando escolhia os assuntos de seus versos; menos ainda quando os adequava às formas, gêneros e estilos que inventariava.

Últimos Cantos suscitaria maior interesse no leitor, se o entendêssemos não como versos em decalque da "essência" do homem Gonçalves Dias; mas como exercícios poéticos, cujos temas e estilos permitiriam a aplicação de preceitos retórico-poéticos, manejados com destreza pelo escritor. Cilaine Alves Cunha percebeu uma das principais contradições do Romantismo:

---

[12] Alfredo Bosi. *História Concisa da Literatura Brasileira*. 42ª ed. São Paulo: Cultrix, 2004, pp. 104-105.

Outro traço recorrente da obra de Gonçalves Dias na paradoxal conciliação da concepção de arte neoclássica com a exploração de alguns princípios fundamentais do romantismo. Pela primeira vez, a arte funciona como instância privilegiada para a transmissão de mensagens de cunho moral, devendo imitar, aristotelicamente, qualidades e ações humanas. A reação romântica, no entanto, recusa a obediência às regras de construção da obra de arte, prescrevendo que cabe a cada artista individualmente criar e desenvolver suas próprias regras.[13]

Para dar um exemplo, não serão gratuitas as mudanças na dicção do eu lírico, a oscilar de temperamento, mais ou menos em conformidade com o teor dos versos que enuncia. Dito de outro modo, embora os poetas românticos afirmassem contestar as formas fixas, os preceitos da arte e as convenções poéticas, o que se nota — também neste livro de Gonçalves Dias — é uma poesia arquitetada, construída decorosamente em acordo com elementos determinados previamente. É o caso de "O Gigante de Pedra", em que os versos aludem à lição horaciana[14] sobre a fugacidade do tempo:

> Corre o tempo fugidio,
> Vem das águas a estação,
> Após ela o quente estio
> E ainda após o verão:
> Crescem folhas, vingam flores,
> Entre galas e verdores
> Sazonam-se frutos mil;
> Cobrem-se os prados de relva
> Murmura o vento na selva
> Azulam-se os céus de anil!

---

[13] Cilaine Alves Cunha. "Introdução". In: Gonçalves Dias. *Cantos*. São Paulo: Martins Fontes, 2001, p. XLIX.

[14] *A Arte Poética* de Horácio, publicada em 19 a.C., integrava o repertório cultural de bacharéis e poetas, durante o século XIX. Por sinal, o estudo de retórica e poética participava dos conteúdos ministrados no Colégio Pedro II, no Rio de Janeiro, conforme descobriu Roberto Acízelo de Souza, em *O Império da Eloquência*. Rio de Janeiro: EdUFF; EdUERJ, 1999.

É o que se percebe no tratamento dispensado aos motivos líricos, com que Gonçalves Dias realizou diálogo intertextuais com Camões[15] e a tradição anterior, como em "Olhos Verdes":

> São uns olhos verdes, verdes,
> Uns olhos de verde-mar,
> Quando o tempo vai bonança;
> Uns olhos cor de esperança,
> Uns olhos por que morri;
> Que ai de mim!
> Nem já sei qual fiquei sendo
> Depois que os vi!
>
> Como duas esmeraldas,
> Iguais na forma e na cor,
> Tem luz mais branda e mais forte,
> Diz uma — vida, outra — morte;
> Uma — loucura, outra — amor.
> Mas ai de mim!
> Nem já sei qual fiquei sendo
> Depois que os vi!

É o que se verifica na expressão pastoril, herdada de Teócrito, Virgílio e Petrarca, manifesta em "O Anjo da Harmonia", belo diálogo com o poeta Bocage:

> *Respira tanta doçura*
> *O teu canto, que por certo*
> *Abranda a penha mais dura*
> Bocage

---

[15] Compare-se os versos de Gonçalves Dias com estes, de Camões: "Eles verdes são, / E têm por usança / Na cor, esperança, / E nas obras, não. / Vossa condição / Não é de olhos verdes, / Porque me não vedes" (Luís de Camões. *Obra Completa*. Rio de Janeiro: Nova Aguilar, p. 470).

> Revela tanto amor, tão branda soa
> A tua doce voz canora e pura,
> Que o homem de a escutar sente no peito
> Infiltrar-se-lhe um raio de ventura.
>
> Da noite a placidez é menos grata
> A quem sozinho e taciturno vela,
> Quando, perdido noutros mundos, nota
> A meiga luz de fugitiva estreita.

Conhecedor das preceptivas retórico-poéticas, e destro em manuseá-las de modo conveniente e convincente, Gonçalves Dias poderia ser considerado um artífice bastante habilidoso da palavra que, além de cultivar variados metros e temas, adequados aos gêneros poéticos e formas fixas convenientes, ainda cumpria uma função nem sempre levada em conta: disseminar artisticamente o programa nacionalista empenhado pelos ideólogos do Estado-Nação Brasil,[16] durante o Segundo Império.

Isso é facilmente verificável nos poemas da seção "Americana". Em "I — Juca Pirama", há seções com variadas sílabas métricas. O canto inicial, em que predomina a modalidade narrativa, é sustentado por decassílabos acentuados na quinta e na décima sílabas métricas:

> No centro da taba se extende um terreiro,
> Onde ora se aduna o concílio guerreiro
> Da tribo senhora, das tribos servis:
> Os velhos sentados praticam d'outrora,
> E os moços inquietos, que a festa enamora,
> Derramam-se em torno d'um índio infeliz.

---

[16] Marilena Chaui observa que "É muito recente a invenção histórica de nação, entendida como Estado-nação, definida pela independência ou soberania política e pela unidade territorial e legal. Sua data de nascimento pode ser colocada por volta de 1830" (Cf. *Mito fundador e sociedade autoritária*. São Paulo: Fundação Perseu Abramo, 2000, p. 14).

> Quem é? — ninguém sabe: seu nome é ignoto,
> Sua tribo não diz: — de um povo remoto
> Descende por certo — d'um povo gentil;
> Assim lá na Grécia ao escravo insulano
> Tornavam distinto do vil muçulmano
> As linhas corretas do nobre perfil.

O Canto IV contém metade da quantidade de sílabas métricas do primeiro (Canto). Isso não se dá por acaso: o emprego de redondilhas menores traduz a fala do índio aprisionado pelos Timbira. O ritmo dos versos, aliás, parece imitar o acento do idioma tupi, a alternar sílabas fortes e fracas:

> Meu canto de morte,
> Guerreiros, ouvi:
> Sou filho das selvas,
> Nas selvas cresci;
> Guerreiros, descendo
> Da tribo tupi.
>
> Da tribo pujante,
> Que agora anda errante
> Por fado inconstante,
> Guerreiros, nasci:
> Sou bravo, sou forte,
> Sou filho do Norte;
> Meu canto de morte,
> Guerreiros, ouvi.

Os mesmos ritmos e tonalidades aplicam-se ao poema "Canção do Tamoio":

> As armas ensaia,
> Penetra na vida:
> Pesada ou querida,
> Viver é lutar.

> Se o duro combate
> Os fracos abate,
> Aos fortes, aos bravos,
> Só pode exaltar.

Segundo incerta crítica, ainda presente entre nós, ainda vale o juízo de Manuel Bandeira, para quem: "A idealização do índio correspondia perfeitamente ao sentimento nacional: ela é anterior ao romantismo e não desapareceu com ele".[17]

Para além do plano artístico, outro aspecto de relevo estava na posição socioeconômica ocupada por Gonçalves Dias. Embora seus biógrafos afirmem que ele teve origem e infância humildes, na província do Maranhão, raros em seu tempo tiveram recurso e possibilidade de realizar viagens, inclusive para o exterior. O tom nacionalista comparece a diversos poemas, como nos versos de "Caxias", em que celebra uma data comemorativa local como pretexto para enaltecer a pátria:

> Ao aniversário da sua Independência.
> 1 de Agosto.

> Debuxava-me o espírito exaltado
> Fráguas cruas de morte, o horror da guerra
> Descobrir, contemplar. — Oh! fora belo
> Arriscar a existência em prol da pátria,
> Regar de rubro sangue o pátrio solo,
> E sangue e vida abandonar por ela.

A poesia de Gonçalves Dias poderia ser lida de modos simultâneos: ora com ênfase nos ingredientes estéticos empregados pelo poeta; ora a destacar o papel de veículo propagandístico a disseminar o programa nacionalista, francamente incentivado por D. Pedro II; ora como composições de teor eminentemente lírico, a que teriam sido

---

[17] Manuel Bandeira, *Op. Cit.*, 2011, p. 59.

aplicados expedientes atinentes ao conceito de verossimilhança, como se nota em "Sei Amar": "Sei amar com paixão ardente e fida,/Como o nauta ama a terra, como o cego/A luz do sol, como o ditoso a vida".

Resulta daí a hipótese de que não se trata de interpretar os versos como anúncio ou revelação de "verdades" humildemente comunicadas pelo "poeta"; mas de recursos empregados para produzir efeitos de verdade, entoados no âmbito do poema por uma ou mais *personae* poéticas. Talvez importe reter que o lirismo era o motor da poesia romântica. Quer dizer, fosse ao manifestar amor à causa pátria, fosse ao fingir sofrimento por amor, fosse ao propagar sua fé lacrimosa, como representação do fervor religioso, vale lembrar que não foi o Romantismo que inventou as formas de representar o lirismo.

Por exemplo, em "Duas Coroas", o poeta acentua o componente metafísico, a sublinhar não a "sua" verdade, mas a do "vate", figurado nos versos:

> E quando o vate suspira
> Sobre esta terra maldita,
> Ninguém a voz lhe acredita,
> Mas riem dos cantos seus:
> Os anjos, não; porque sabem
> Que essa voz é verdadeira,
> Que é dos homens a primeira,
> Em quanto a outra é de Deus!

A lira, como se sabe, era um pequeno instrumento de cordas utilizado durante o período helênico, pelos aedos — declamadores de poesia — para acentuar a melodia e marcar o ritmo da declamação. Herdeiro dos gêneros pastoris da Antiguidade e Idade Média, o poema lírico pede que se trate de assunto que diga respeito à intimidade. Dito de outro modo, esperava-se que a poesia do gênero lírico comovesse o auditório e/ou o leitor.

Não se confunda a performance da *persona* com a "sinceridade" do poeta. Simultaneamente à comunicação direta com os afetos do destinatário, o escritor recorria a diversos expedientes para produzir efeito de verdade, ao compor e estruturar seus versos. Como já se disse, poesia é artifício. É ilustrativo que, em "Retratação", Gonçalves Dias dialogasse com o abade italiano Pietro Metastásio, célebre poeta que viveu no século XVIII:

> *Son reo, non mi difendo;*
> *Puniscimi, se vuol!*
> Metastásio
>
> Feliz o doce poeta,
> Cuja lira sonorosa
> Ressoa como a queixosa
> Trépida fonte a correr;
> Que só tem palavras meigas,
> Brandos ais, brandos acentos,
> Cuja dor, cujos tormentos
> Sabe-os no peito esconder!

Mesmo quando alega fugir às convenções de seu tempo; quando afirma quebrar regras ou se propõe a descumprir as normas do gênero, da forma e do estilo, o poeta produz arte e, como tal, reúne procedimentos com o objetivo de ser eficaz estética e ideologicamente. Nos versos de "As Flores", Gonçalves Dias alude aos vários significados da palavra-título, a sugerir as muitas formas e cores por ela simbolizadas, em acordo com a tradição poética:

> Meigas flores gentis, quem vos não ama?
> Em vós inspirações o bardo encontra,
> Devaneios de amor a ingênua virgem,
> A abelha o mel, a humanidade encantos,
> Odores, nutrição, bálsamo e cores.
> Meigas flores gentis, quem vos não ama?

Vejamos outro significado de "flor", no poema "Por um Ai", em que o poeta propõe uma engenhosa analogia entre a estrela (fixa no céu) e a abelha (quando estacionada, a sorver o pólen da flor)...

Meus olhos sobre os teus olhos,
Meu coração a teus pés;
Por um olhar que me lances,
Por um só ai que me dês:

Veja eu sobre os teus lábios
Esta só palavra — amor! —
Estrela cortando os ares,
Abelha sobre uma flor.

...Ou sugere a semelhança entre flor e borboleta com uma virgem, como sugere o poema "A Uns Anos":

Tudo se alegra e ri em torno dela,
Tudo respira amor;
Que é a virgem formosa semelhante
A borboleta e à flor.

As flores também poderiam representar a beleza fugaz — símbolo da brevidade da vida — como sugeria Rafael Bluteau em seu *Dicionário da Língua Portuguesa*, escrito na primeira metade do século XVIII.[18]

---

[18] Cf. Rafael Bluteau. *Dicionário da Língua Portuguesa* — Reformado e Acrescentado por Antonio de Moraes Silva. Lisboa: Oficina de Simão Tadeu Ferreira, 1789, p. 621. De acordo com Guilherme do Amaral Luz, também haveria que se ressaltar a acepção teológico-política da palavra, na América Portuguesa, pelo menos até o século XVIII: "As flores exemplares da sociedade, do discurso, das virtudes, da vaidade, dos louvores, dos sentidos, da face, dos enganos e os desenganos estão todas em serviço do aperfeiçoamento moral do cristão no mundo da Contrarreforma. As flores são, portanto, políticas, são objetos de educação moral e, logo, de construção ética de determinados homens. São de flores, naturalmente, que as abelhas da Sicília, cantadas por Virgílio, no canto IV das *Geórgicas*, produzem o mel mais puro e doce que já se teria provado... Das flores, sai a seiva que, processada por uma sociedade hierarquizada, disciplinada e harmônica [...] As flores são como espelhos do rei dispostos para a alma dos súditos" (*Flores do Desengano: poética do poder na América Portuguesa*. São Paulo: Editora Fap-Unifesp, 2013, p. 22).

> Que me resta na terra? — Estas flores
> Afagadas do sopro da brisa,
> Disputando do sol os fulgores,
> Relançadas no débil hastil!
> Estas fontes de prata, que frisa
> Brando vento, — estas nuvens brilhantes,
> Estas selvas sem fim, sussurrantes,
> Estes céus do gigante Brasil.

A concepção do pretérito como repetição de eventos está no poema "A História", em que o brasileiro dialoga, simultaneamente, com a poesia de Lord Byron:

> Aqui, além, agora ou no passado,
> Amor, dedicação, virtude e glória,
> Baixeza, crime, infâmia se repetem,
> Quer gravados no soco de uma estátua,
> Quer em vil pelourinho memorados.
> Eis a história! — rainha veneranda,
> Trajando agora sedas e veludos,
> Depois vestindo um saco desprezível,
> D'imunda cinza, apolvilhada a fronte.

Essas breves amostras sugerem um outro modo de (re)ler a poesia romântica, o que pode tornar ainda mais agradável e surpreendente o contato com este belo exemplar, que são os Últimos Cantos, publicado quando Antônio Gonçalves Dias tinha 28 anos. Esse dado, aliás, é importante. Àquela altura, tratava-se de um bacharel formado em Coimbra, homem-propaganda do Segundo Império, jovem poeta que empregou seu engenho e agudeza para celebrar um nacionalismo que pretendia rimar com natureza, religião e indianismo.

DEDICATÓRIA

AO MEU CARO E SAUDOSO AMIGO

Dr. Alexandre Theophilo de Carvalho Leal
oferecendo-lhe este volume de poesias.

Eis os meus últimos cantos, o meu último volume de poesias soltas, os últimos harpejos de uma lira, cujas cordas foram estalando, muitas aos balanços ásperos da desventura, e outras, talvez a maior parte, com as dores de um espírito enfermo, — fictícias, mas nem por isso menos agudas, — produzidas pela imaginação, como se a realidade já não fosse por si bastante penosa, ou que a espírito, afeito a certa dose de sofrimento, se sobressaltasse de sentir menospezada a costumada carga.

No meio de rudes trabalhos, de ocupações estéreis, de cuidados pungentes, — inquieto do presente, incerto do futuro, derramando um olhar cheio de lágrimas e saudades sobre o meu passado — percorri este primeiro estádio da minha vida literária. Desejar e sofrer — eis toda a minha vida neste período; e estes desejos imensos, indizíveis, e nunca satisfeitos, — caprichosos como a imaginação, — vagos como o oceano, — e terríveis como a tempestade; — e estes sofrimentos de todos os dias, de todos os instantes, obscuros, implacáveis, renascentes, — ligados a minha existência, reconcentrados em minha alma, devorados comigo, — umas vezes me deixarão sem força e sem coragem, e se reproduzirão em pálidos reflexos do que eu sentia, ou me forçarão a procurar um alívio, uma distração no estudo, e a esquecer-me da realidade com as ficções do ideal.

Se as minhas pobres composições não foram inteiramente inúteis ao meu país; se algumas vezes tive o maior prazer que me foi dado sentir — a mais lisonjeira recompensa a que poderia aspirar, — de as ouvir estimadas pelos homens da arte, daqueles, que segundo o poeta, porque a entendem, a estimam, e repetidas por aquela classe do povo, que só de cor as poderia ter aprendido, isto é, dos outros que a compreendem, porque a sentem, porque a adivinham — paguei bem caro esta momentânea celebridade com decepções profundas, com desenganos amargos e com a lenta agonia de um martírio ignorado.

Melhor que ninguém o sabes: podes a teu grado sondar os arcanos da minha consciência, e não te será difícil descobrir o segredo das minhas tristes inspirações. Os meus primeiros, os meus últimos cantos são teus: o que sou, o que for, a ti o devo, — a ti, ao teu nobre coração, que durante os melhores anos da juventude bateu constantemente ao meu lado, — a aragem benfazeja da tua amizade solícita e desvelada, — a tua voz que me animava e consolava, — a tua inteligência que me vivificava — ao prodígio de duas índoles tão assimiladas, de duas almas tão irmãs, tão gêmeas, que uma delas rematava o pensamento apenas enunciado da outra, e aos sentimentos uníssonos de dois corações, que mutuamente se falavam, se interpretavam, sem o auxílio de palavras. Duplicada a minha existência, não era muito que eu me sentisse com forças para abalançar-me a esta empresa; e agora que em parte a tenho concluído, é um dever de gratidão, um dever para que sou atraído por todas as potências da minha alma, escrever aqui o teu nome, como talvez seja o derradeiro que escreverei em minhas obras, o último que os meus lábios pronunciem, se nos paroxismos da morte se puder destacar inteiramente do meu coração.

Ser-me-ia doloroso não cumprir os teus desejos, — não satisfazer as esperanças, que em mim tinhas depositado, — não realizar a expectação da tua desinteressada amizade. Entrei na luta, e procurei disputar ao tempo uma fraca parcela da sua duração, não por amor do orgulho, nem por amor da glória; mas para que, depois da morte de ambos, uma só que fosse das minhas produções sobrenadasse no olvido, e por mais uma geração estendesse a memória tua com a minha. Assim passa a onda sobre um navio que soçobra, e atira a praias desconhecidas os destroços de um mastro embrulhado nas vestes dos navegantes.

Entrei na luta e por mais algum tempo continuarei nela, variando apenas o sentido dos meus cantos. A fé e o entusiasmo, o óleo e o pábulo da lâmpada que alumia as composições do artista, vão-se esfriando dentro do peito; eu o conheço e o sinto; se pois ainda persisto nesta carreira é por teu respeito: continuarei — até que satisfeito dos meus esforços me digas: basta! — Então, já terei dito, voltarei gostoso à obscuridade, donde não deverá ter saído, e — como um soldado desconhecido — contarei os meus triunfos pelas minhas feridas, voltando à habitação singela, onde me correrão, não felizes, mas os primeiros dias da minha infância.

Minha alma não está comigo, não anda entre os nevoeiros dos Órgãos, envolta em neblina, balouçada em castelos de nuvens, nem rouquejando na voz do trovão. Lá está ela! — lá está a espreguiçar-se nas vagas de S. Marcos, a rumorejar nas folhas dos mangues, a sussurrar nos leques das palmeiras: lá está ela nos sítios que os meus olhos sempre viram, nas paisagens que eu amo, onde se avista a palmeira esbelta, o cajazeiro coberto de cipós, e o pau d'arco coberto de flores amarelas. Ali sim, — ali está — desfeita em lágrimas nas folhas das bananeiras — desfeita em orvalho sobre as nossas flores, desfeita em harmonia sobre os nossos bosques, sobre os nossos rios, sobre os nossos mares, sobre tudo que eu amo, e que em bem veja eu em breve! Aí, outra vez remoçado e vivificado de todos os anos que desperdicei, poderei enxugar os meus vestidos, voltar aos gozos de uma vida ignorada, e do meu lar tranquilo ver outros mais corajosos e mais felizes que eu afrontar as borrascas desencadeadas no oceano, que eu houver para sempre deixado atrás de mim.

Rio de Janeiro, 17 de agosto de 1850.

A. GONÇALVES DIAS.

ÚLTIMOS CANTOS

POESIAS AMERICANAS

O GIGANTE DE PEDRA *

> *O guerriers! ne laissez pas ma dépouille au corbeau!*
> *Ensevelissez-moi parmi des monts sublimes,*
> *Afin que l'étranger cherche, en voyant leurs cimes,*
> *Quelle montagne est mon tombeau!* **
>
> V. HUGO, LE GÉANT.

I

1 Gigante orgulhoso, de fero semblante,
   Num leito de pedra lá jaz a dormir!
   Em duro granito repousa o gigante,
   Que os raios somente puderam fundir.

5 Dormido atalaia no serro empinado
   Devera cuidoso, sanhudo velar;
   O raio passando o deixou fulminado,
   E à aurora, que surge, não há de acordar!

   Com os braços no peito cruzados nervosos,
10 Mais alto que as nuvens, os céus a encarar,
   Seu corpo se estende por montes fragosos,
   Seus pés sobranceiros se elevam do mar!

---

* Alguns dos principais montes da enseada do Rio de Janeiro parecem aos que vêm do Norte ou do Sul representar uma figura humana de colossal grandeza: este capricho da natureza foi conhecido dos primeiros navegantes portugueses com a denominação de "frade de pedra", que agora se chama "o gigante de pedra". Àquele objeto se fez esta poesia. (N. A.)

** Ó guerreiros! Não exponhais meus despojos ao abutre!
   Sepultai-me entre montes sublimes,
   A fim de que o estrangeiro procure, vendo seus picos,
   Em qual montanha está meu túmulo!
V. Hugo: poeta francês (1802-1885).

De lavas ardentes seus membros fundidos
Avultam imensos: só Deus poderá
15 Rebelde lançá-lo dos montes erguidos,
Curvados ao peso, que sobre lhe está.

E o céu, e as estrelas e os astros fulgentes
São velas, são tochas, são vivos brandões,
E o branco sudário são névoas algentes,
20 E o crepe, que o cobre, são negros bulcões.

Da noite, que surge, no manto fagueiro
Quis Deus que se erguesse, de junto a seus pés,
A cruz sempre viva do sul no cruzeiro,
Deitada nos braços do eterno Moisés.

25 Perfumam-no odores que as flores exalam,
Bafejam-no carmes de um hino de amor
Dos homens, dos brutos, das nuvens que estalam,
Dos ventos que rugem, do mar em furor.

E lá na montanha, deitado dormido
30 Campeia o gigante, — nem pode acordar!
Cruzados os braços de ferro fundido,
A fronte nas nuvens, os pés sobre o mar!

II

Banha o sol os horizontes,
Trepa os castelos dos céus,
35 Aclara serras e fontes,
Vigia os domínios seus:
Já descai para o ocidente,
E em globo de fogo ardente
Vai-se no mar esconder;
40 E lá campeia o gigante,
Sem destorcer o semblante,
Imóvel, mudo, a jazer!

Vem a noite após o dia,
Vem o silêncio, o frescor,
45 E a brisa leve e macia,
Que lhe suspira ao redor;
E da noite entre os negrores,
Das estrelas os fulgores
Brilham na face do mar:
50 Brilha a lua cintilante,
E sempre mudo o gigante,
Imóvel, sem acordar!

Depois outro sol desponta,
E outra noite também,
55 Outra lua que aos céus monta,
Outro sol que após lhe vem:
Após um dia outro dia,
Noite após noite sombria,
Após a luz o bulcão,
60 E sempre o duro gigante,
Imóvel, mudo, constante
Na calma e na cerração!

Corre o tempo fugidio,
Vem das águas a estação,
65 Após ela o quente estio;
E na calma do verão:
Crescem folhas, vingam flores,
Entre galas e verdores
Sazonam-se frutos mil;
70 Cobrem-se os prados de relva,
Murmura o vento na selva,
Azulam-se os céus de anil!

Tornam prados a despir-se,
Tornam flores a murchar,
75 Tornam de novo a vestir-se,

Tornam depois a secar;
E como gota filtrada
De uma abóbada escavada
Sempre, incessante a cair,
70   Tombam as horas e os dias,
Como fantasmas sombrias
Nos abismos do porvir!

E no féretro de montes
Inconcusso, imóvel, fito,
85   Escurece os horizontes
O gigante de granito:
Com soberba indiferença
Sente extinta a antiga crença

Dos Tamoios,[1] dos Pajés;
90   Nem vê que duras desgraças,
Que lutas de novas raças
Se lhe atropelam aos pés!

---

[1] *Dos Tamoios, dos Pajés:* Tamoios eram os primeiros habitantes do Rio; Pajés — eram os sacerdotes, os áugures, os médicos dos indígenas de todo o litoral do Brasil — os mesmos a que nos Primeiros Cantos dei o nome de piagas. Eis o que naquela obra escrevi a este respeito (Tomo I, p. 217): "Piajé" — Piache — Piaye ou Piaga, que mais se conforma à nossa "pronúncia, era ao mesmo tempo o sacerdote e o médico, o áugure e o cantor dos indígenas do Brasil e de outras partes da América". E em outra nota acrescentei: "Eram anacoretas austeros, que habitavam cavernas hediondas, nas quais, sob pena de morte, não penetravam profanos. Vivendo rígida e sobriamente, depois de um longo e terrível noviciado, ainda mais rígido que a sua vida, eram eles um objeto de culto, de respeito para todos; — eram os dominadores dos chefes — a baliza formidável, que felizmente se erguia entre o conhecido e o desconhecido — entre a tão exígua ciência daqueles homens, e a desejada revelação dos espíritos."
    Hans Staden escreve Paygi; Payé lê-se em uma das obras do Padre Vasconcelos, nome que também lhes dá Laer na sua Descrição das Índias Ocidentais. Lery e Damião de Góis escrevem Pagé, ortografia que agora adotamos. (N. A.)

III

      E lá na montanha deitado dormindo
      Campeia o gigante! — nem pode acordar!
95   Cruzados os braços de ferro fundido,
      A fronte nas nuvens, e os pés sobre o mar!...

IV

      Viu primeiro os íncolas
      Robustos, das florestas,
      Batendo os arcos rígidos,
100 Traçando homéreas festas,
      À luz dos fogos rútilos,
      Aos sons do murmuré![2]
          E em Guanabara[3] esplêndida

      As danças dos guerreiros,
105 E o guau[4] cadente e vário
      Dos moços prazenteiros,
      E os cantos da vitória
      Tangidos no boré.

      E das igaras[5] côncavas
110 A frota aparelhada,

---

[2] *Murmuré:* Muremure escreve o Padre Vasconcelos nas suas Notícias Curiosas: colige-se que é um instrumento feito de ossos de defuntos, como alguns outros, de que se serviam. (N. A.)

[3] *Guanabara:* a enseada do Rio de Janeiro. — Escreve-se indiferentemente Genabara ou Ganabara. Lery diz na sua obra *Histoire d'un voyage fait en la terre du Brésil en ceste vivière de Ganabara*. Southey (History of Brasil) acrescenta em uma nota, que Nicolau Barré datava desta maneira as suas cartas: "Ad flumen Genabara in Brasilia", etc. (N. A.)

[4] *Guau:* dança. "São mui dados a saltar e dançar de diferentes modos, a que chamam *guau* em geral". Vasconscelos. *Notícias Curiosas,* L. 1, nº 143. (N. A.)

[5] *Igaras:* eram canoas, feitas de ordinário de um só toro de madeira.

        Vistosa e formosíssima
        Cortando a undosa estrada,
        Sabendo, mas que frágeis,
        Os ventos contrastar:
115   E a caça leda e rápida
        Por serras, por devesas,
        E os cantos da janúbia[6]
        Junto às lenhas acesas,
        Quando o tapuia mísero
120   Seus feitos vai narrar!

        E o germe da discórdia
        Crescendo em duras brigas,
        Ceifando os brios rústicos
        Das tribos sempre amigas,
125   — Tamoio a raça antiga,
        Feroz Tupinambá.[7]
            Lá vai a gente impróvida,
        Nação vencida, imbele,
        Buscando as matas ínvias,
130   Donde outra tribo a expele;
        Jaz o pajé sem glória;
        Sem glória o maracá.

        Depois em naus flamívomas
        Um troço ardido e forte,
135   Cobrindo os campos úmidos
        De fumo, e sangue, e morte,
        Traz dos reparos hórridos

---

   [6] *Janúbia*: Lery escreve diversamente: *"des cornets, qu'ils nomment inubia de la grosseur et longueur d'une demie pique, mais par le bout d'en bas lorges d'environ un demi-pied comme un hautbois"*. — Obra cit. p. 202. (N. A.)
   [7] *Tupinambá*: grande tribo indígena tupi, que dominava a costa desde o Pará até a Bahia.

De altíssimo pavês:[8]
E do sangrento pélago
140 Em míseras ruínas
Surgir galhardas, límpidas
As portuguesas quinas,
Murchos os lises cândidos
Do impróvido gaulês!

V

145 Mudaram-se os tempos e a face da terra,
Cidades alastram o antigo paul;
Mas inda o gigante, que dorme na serra,
Se abraça ao imenso cruzeiro do sul.

Nas duras montanhas os membros gelados
150 Talhados a golpes de ignoto buril,
Descansa, ó gigante, que encerras os fados,
Que os términos guardas do vasto Brasil.

Porém se algum dia fortuna inconstante
Puder-nos a crença e a pátria acabar,
155 Arroja-te às ondas, ó duro gigante,
Inunda estes montes, desloca este mar!

---

[8] *Pavês*: escudo grande e largo que cobria o corpo todo do soldado.

Leito de folhas verdes

1   Porque tardas, Jatir, que tanto a custo
    À voz do meu amor moves teus passos?
    Da noite a viração, movendo as folhas,
    Já nos cimos do bosque rumoreja.

5   Eu sob a copa da mangueira altiva
    Nosso leito gentil cobri zelosa
    Com mimoso tapiz[1] de folhas brandas,
    Onde o frouxo luar brinca entre flores.

    Do tamarindo a flor abriu-se, há pouco,
10 Já solta o bogari mais doce aroma!
    Como prece de amor, como estas preces,
    No silêncio da noite o bosque exala.

    Brilha a lua no céu, brilham estrelas,
    Correm perfumes no correr da brisa,
15 A cujo influxo mágico respira-se
    Um quebranto de amor, melhor que a vida!

    A flor que desabrocha ao romper da alva
    Um só giro do sol, não mais, vegeta:
    Eu sou aquela flor que espero ainda
20 Doce raio do sol que me dê vida.

    Sejam vales os montes, lago ou terra,
    Onde quer que tu vás, ou dia ou noite,

---

[1] *Tapiz*: forma antiga significando *tapete*.

Vai seguindo após ti meu pensamento;
Outro amor nunca tive: és meu, sou tua!
25 Meus olhos outros olhos nunca viram,
Não sentiram meus lábios outros lábios,
Nem outras mãos Jatir, que não as tuas
A arazoia[2] na cinta me apertaram.

Do tamarindo a flor jaz entreaberta,
30 Já solta o bogari mais doce aroma;
Também meu coração, como estas flores,
Melhor perfume ao pé da noite exala!

Não me escutas, Jatiri; nem tardo acodes
À voz do meu amor, que em vão te chama!
35 Tupã! lá rompe o sol! do leito inútil
A brisa da manhã sacuda as folhas!

---

[2] *Arazoia*: era o fraldão de penas, moda entre eles. Laet chama *assoyave* a uns mantos inteiros: não sei de que mantos quer o autor falar. Hans Staden (coleção de Ternaux p. 108) dá o mesmo nome a uma espécie de cocar preso ao pescoço, e passando além da cabeça; a este ornato Léry dê o nome de *Yenpenamby*. Quanto à arazoia, eis o que se lê na obra já citada deste autor (p. 103): *Pour la fin de leurs esquippages, recouvrans de leurs voisins de grandes plumes d'austruches, couleurs grises, accommodans tous les tuyaux serrez d'un costé, et le reste qui s'esparpille en rond en façon d'un petit pavillon ou d'une rose, ils en font un grand pennache, qu'ils appellent araroye: le quel estant lié sur leurs reins avec une corde de cotton, l'estroit devers la chair et le large en dehors, quand ils en sont enharnachez*, etc. (N. A.)

I-Juca-pirama*

I

1 No meio das tabas[1] de amenos verdores,
Cercadas de troncos — cobertos de flores,
Alteiam-se os tetos da altiva nação;
São muitos seus filhos, nos ânimos fortes,
5 Temíveis na guerra, que em densas coortes
Assombram das matas a imensa extensão.

São rudos,[2] severos, sedentos de glória,
Já prélios incitam, já cantam vitória,
Já meigos atendem à voz do cantor;
10 São todos Timbiras,[3] guerreiros valentes!
Seu nome lá voa na boca das gentes,
Condão de prodígios, de glória e terror!

---

* *I-Juca-Pirama:* O título desta poesia, traduzido literalmente da língua tupi, vale tanto como se em português disséssemos "o que há de ser morto, o que é digno de ser morto". (N. A.)

[1] *Taba:* aldeia de índios, composta de diferentes habitações, a que chamavam ocas. Quando estas habitações se achavam isoladas, ou fossem levantadas para o abrigo de uma ou já de muitas famílias, tomavam o nome de *Tejupab* ou *Tejupabas*. (N. A.)

[2] *Rudos:* corruptela de *rude*.

[3] *Timbiras:* tapuias, que habitam o interior da província do Maranhão. (N. A.)

       As tribos vizinhas, sem forças, sem brio,
       As armas quebrando, lançando-se ao rio,[4]
15   O incenso aspiraram dos seus maracás:
       Medrosos das guerras que os fortes acendem,
       Custosos tributos ignavos lá rendem,
       Aos duros guerreiros sujeitos na paz.

       No centro da taba se estende um terreiro,
20   Onde ora se aduna o concílio guerreiro
       Da tribo senhora, das tribos servis:
       Os velhos sentados praticam d'outrora,
       E os moços inquietos, que a festa enamora,
       Derramam-se em torno dum índio infeliz.

25   Quem é? — ninguém sabe: seu nome é ignoto,
       Sua tribo não diz: — de um povo remoto
       Descende por certo — dum povo gentil;
       Assim lá na Grécia ao escravo insulano
       Tornavam distinto do vil muçulmano[5]
30   As linhas corretas do nobre perfil.

       Por casos de guerra caiu prisioneiro
       Nas mão dos Timbiras: — no extenso terreiro
       Assola-se o teto, que o teve em prisão;[6]

---

   [4] Por este ato declaravam firmadas as pazes. Vieira faz menção desta solenidade quando, em uma informação ao monarca português, se ocupa da aliança feita entre os missionários por parte dos portugueses e dos *Nhe-engaybas* de Marajó. (N. A.)

   [5] *Muçulmano*: sectário de Maomé.

   [6] A descrição das cerimônias, com que eles usavam matar os seus prisioneiros de guerra, é rigorosamente exata, ainda que não adotamos dos autores senão aquilo em que todos ou a maior parte concordam. Veja-se Hans Staden — cap. 28 — dos usos e costumes dos Tupinambás. — *Notícias do Brasil*, cap. 171 e 172. *Notícias Curiosas* L. 1, nº 138 e Léry cap. XV. (N. A.)

        Convidam-se as tribos dos seus arredores,
35   Cuidosos se incumbem do vaso das cores,
        Dos vários aprestos da honrosa função.

        Acerva-se a lenha da vasta fogueira,
        Entesa-se a corda da embira ligeira,[7]
        Adorna-se a maça[8] com penas gentis:
40   A custo, entre as vagas do povo da aldeia
        Caminha o Timbira, que a turba rodeia,
        Garboso nas plumas de vário matiz.

        Entanto as mulheres com leda trigança,
        Afeitas ao rito da bárbara usança,
45   O índio já querem cativo acabar:
        A coma lhe cortam, os membros lhe tingem

---

[7] Chamava-se muçurana a corda com que se atava o prisioneiro. — *"Et une longue corde nommée massarana avec laquelle ils les attachent* (les captifs) *quand ils doivent être assomés"*. (H. Staden, p. 300). *Musarana* escreve Ferdinand Denis, acrescentando que era feita de algodão. É possível que em algumas tribos fosse feita desta matéria, mas convém notar que na maior parte delas era uso fabricarem-se cordas de embira. (N. A.)

[8] A maça do sacrifício não era o mesmo que a ordinária, e tinha mais a diferença dos ornatos, que se lhe juntava, e do esmero com que era trabalhada. Lavravam e pintavam todo o punho — embargadura, como o chamavam — com desenhos e relevos a seu modo curiosos, e dela deixavam pendente uma borla de penas delicadas e de cores diferentes, sendo a folha ornada de mosaicos. — "Pintam (diz H. Staden, p. 301) a maça do sacrifício, a que chamam *iverapeme*, com a qual deve ser sacrificado o prisioneiro: passam-lhe por cima uma matéria viscosa, e tomando depois a casca dos ovos de um pássaro chamado *Mackukawa* de cor parda escura, reduzem-nas a pó, e com ele salpicam toda a maça. Preparada a iverapeme, e adornada de penas, suspendem-na em uma cabana inabitada, e cantam em redor dela toda a noite". — Ferdinand Denis, acrescentando-lhe o artigo francês, escreve *Liverapeme*, que diz ser feita de pau-ferro e com mosaicos de diferentes cores. Vasconcelos dá-lhe o nome de Tangapema, que é o termo do dicionário brasileiro. (N. A.)

Brilhante enduape[9] no corpo lhe cingem,
Sombreia-lhe a fronte gentil canitar.[10]

II

Em fundos vasos da alvacenta argila
50   Ferve o cauim;
Enchem-se as copas, o prazer começa,
Reina o festim.

O prisioneiro, cuja morte anseiam,
Sentado está,
55   O prisioneiro, que outro sol no ocaso
Jamais verá!

A dura corda, que lhe enlaça o colo,
Mostra-lhe o fim
Da vida escura, que será mais breve
60   Do que o festim!

---

[9] *Enduape:* fraldão de penas de que se serviam os guerreiros: damos a denominação de *arasoia* àqueles de que usavam as mulheres *"Ils font avec de plumes d'au truches une espèce d'ornement de forme ronde, qu'ils attachent au bas du dos, quand ils vont à quelque grande fête: ils les nomment enduap."* H. Staden, p. 270. Vasconcelos trata do *enduape* sem lhe dar nome algum especial. "Pela cintura apertam uma larga zona: desta pende até os joelhos um largo fraldão a modo trágico, e de tão grande roda como é a de um ordinário chapéu de sol". *Notícias Curiosas* L. 1, nº 129. (N. A.)

[10] *Canitar:* é o nome do penacho ou cocar, de que usavam os guerreiros de raça tupi, quando em marcha para a guerra, ou se aprestavam para alguma solenidade de importância igual a esta. *"Ils sont aussi abitude de s'attacher sur la tête un bouquet de plumes rouges qu'ils nomment Kanittare"* (H. Staden). — Usam de umas coroas a que chamam *acanggetar* (Laet). Os primeiros portugueses escreveram *acangatar,* que literalmente quer dizer "enfeite ou ornato de cabeça". (N. A.)

Contudo os olhos de ignóbil pranto
　　Secos estão;
Mudos os lábios não descerram queixas
　　Do coração.

65　Mas um martírio, que encobrir não pode,
　　Em rugas faz
A mentirosa placidez do rosto
　　Na fronte audaz!

70　Que tens, guerreiro? Que temor te assalta
　　No passo horrendo?
Honra das tabas que nascer te viram,
　　Folga morrendo.

Folga morrendo; porque além dos Andes
　　Revive o forte,
75　Que soube ufano contrastar nos medos
　　Da fria morte.

Rasteira grama, exposta ao sol, à chuva,
　　Lá murcha e pende:
80　Somente ao tronco, que devassa os ares,
　　O raio ofende!

Que foi? Tupã mandou que ele caísse,
　　Como viveu;
E o caçador que o avistou prostrado
　　Esmoreceu!

85　Que temes, ó guerreiro? Além dos Andes
　　Revive o forte,
Que soube ufano contrastar os medos
　　Da fria morte.

III

    Em larga roda de novéis guerreiros
90 Ledo caminha o festival Timbira,
    A quem do sacrifício cabe as honras.
    Na fronte o canitar sacode em ondas,

    O enduape na cinta se embalança,
    Na destra mão sopesa a ivirapema,[11]
95 Orgulhoso e pujante. — Ao menor passo
    Colar d'alvo marfim, insígnia d'honra,
    Que lhe orna o colo e o peito, ruge e freme,
    Como que por feitiço não sabido
    Encantadas ali as almas grandes
100 Dos vencidos Tapuias,[12] inda chorem
    Serem glória e brasão d'imigos feros.

    "Eis-me aqui", diz ao índio prisioneiro;
    "Pois que fraco, e sem tribo, e sem família,
    "As nossas matas devassaste ousado,
105 "Morrerás morte vil da mão de um forte."

    Vem a terreiro o mísero contrário;
    Do colo à cinta a muçurana[13] desce;
    "Dize-nos quem és, teus feitos canta,
    "Ou se mais te apraz, defende-te." Começa
110 O índio, que ao redor derrama os olhos,
    Com triste voz que os ânimos comove.

---

[11] *Ivirapema:* maça com que os índios matavam os prisioneiros.
[12] *Tapuias:* tribo indígena.
[13] *Muçurana:* corda com que os índios atavam os prisioneiros.

IV

       Meu canto de morte,
       Guerreiros, ouvi:
       Sou filho das selvas,
115 Nas selvas cresci;
       Guerreiros, descendo
       Da tribo Tupi.

       Da tribo pujante,
       Que agora anda errante
120 Por fado inconstante,
       Guerreiros, nasci:
       Sou bravo, sou forte,
       Sou filho do Norte;
       Meu canto de morte,
125 Guerreiros, ouvi.

       Já vi cruas brigas,
       De tribos imigas,
       E as duras fadigas
       Da guerra provei;
130 Nas ondas mendazes
       Senti pelas faces
       Os silvos fugazes
       Dos ventos que amei.

       Andei longes terras,
135 Lidei cruas guerras,
       Vaguei pelas serras
       Dos vis Aimorés;[14]
       Vi lutas de bravos,
       Vi fortes — escravos!

---

[14] *Aimorés*: tribo indígena.

140   De estranhos ignavos
      Calcados aos pés.

      E os campos talados,
      E os arcos quebrados,
      E os piagas coitados
145   Já sem maracás;
      E os meigos cantores,
      Servindo a senhores,
      Que vinham traidores,
      Com mostras de paz.

150   Aos golpes do imigo
      Meu último amigo,
      Sem lar, sem abrigo
      Caiu junto a mi!
      Com plácido rosto,
155   Sereno e composto,
      O acerbo desgosto
      Comigo sofri.

      Meu pai a meu lado
      Já cego e quebrado,
160   De penas ralado,
      Firmava-se em mi:
      Nós ambos, mesquinhos
      Por ínvios caminhos,
      Cobertos de espinhos
165   Chegamos aqui!

      O velho no entanto
      Sofrendo já tanto
      De fome e quebranto,
      Só queria morrer!
170   Não mais me contenho,
      Nas matas me embrenho,

Das frechas que tenho
Me quero valer.

Então, forasteiro,
175 Caí prisioneiro
De um troço[15] guerreiro
Com que me encontrei:
O cru dessossego
Do pai fraco e cego,
180 Enquanto não chego,
Qual seja, — dizei!

Eu era o seu guia
Na noite sombria,
A só alegria
185 Que Deus lhe deixou:
Em mim se apoiava,
Em mim se firmava,
Em mim descansava,
Que filho lhe sou.

190 Ao velho coitado
De penas ralado,
Já cego e quebrado,
Que resta? — Morrer.
Enquanto descreve
195 O giro tão breve
Da vida que teve,
Deixai-me viver!

Não vil, não ignavo,
Mas forte, mas bravo,
200 Serei vosso escravo:
Aqui virei ter.

---

[15] *Troço:* parte de um corpo de tropa.

Guerreiros, não coro
Do pranto que choro;
Se a vida deploro,
205   Também sei morrer.

V

Soltai-o! — diz o chefe. Pasma a turba;
Os guerreiros murmuram: mal ouviram,
Nem pôde nunca um chefe dar tal ordem!
Brada segunda vez com voz mais alta,
210   Afrouxam-se as prisões, a embira cede,
A custo, sim; mas cede: o estranho é salvo.
— Timbira, diz o índio enternecido,
Solto apenas dos nós que o seguravam;
És um guerreiro ilustre, um grande chefe,
215   Tu que assim do meu mal te comoveste,
Nem sofres que, transposta a natureza,
Com olhos onde a luz já não cintila,
Chore a morte do filho o pai cansado,
Que somente por seu na voz conhece.
220   — És livre; parte.

— E voltarei.
— Debalde.
— Sim, voltarei morto, meu pai.

— Não voltes!
225   É bem feliz, se existe, em que não veja,
Que filho tem, qual chora: és livre; parte!
— Acaso tu supões que me acobardo,
Que receio morrer!

— És livre; parte!
230   — Ora não partirei; quero provar-te
Que um filho dos Tupis vive com honra,
E com honra maior, se acaso o vencem,
Da morte o passo glorioso afronta.

— Mentiste, que um Tupi não chora nunca.
235 E tu choraste!... parte; não queremos
Com carne vil enfraquecer os fortes.

Sobresteve[16] o Tupi: — arfando em ondas
O rebater do coração se ouvia
Precípite. — Do rosto afogueado
240 Gélidas bagas de suor corriam:
Talvez que o assaltava um pensamento...
Já não... que na enlutada fantasia,
Um pesar, um martírio ao mesmo tempo,
Do velho pai a moribunda imagem
245 Quase bradar-lhe ouvia: — Ingrato! Ingrato!
Curvado o colo, taciturno e frio,
Espectro d'homem, penetrou no bosque!

VI

— Filho meu, onde estás?
                          — Ao vosso lado;
250 Aqui vos trago provisões; tomai-as,
As vossas forças restaurai perdidas,
E a caminho, e já!
                   — Tardaste muito!
Não era nado o sol, quando partiste,
255 E frouxo o seu calor já sinto agora!

— Sim, demorei-me a divagar sem rumo,
Perdi-me nestas matas intrincadas,
Reaviei-me e tornei; mas urge o tempo;
Convém partir, e já!
                     — Que novos males

---

[16] *Sobresteve:* parou.

260   Nos restam de sofrer? — que novas dores,
        Que outro fado pior Tupã nos guarda?
        — As setas da aflição já se esgotaram,
        Nem para novo golpe espaço intacto
265   Em nossos corpos resta.
                                            — Mas tu tremes!
        — Talvez do afã da caça....
                                            — Oh filho caro!
        Um quê misterioso aqui me fala,
270   Aqui no coração; piedosa fraude
        Será por certo, que não mentes nunca!
        Não conheces temor, e agora temes?
        Vejo e sei: é Tupã que nos aflige,
        E contra o seu querer não valem brios.
275   Partamos!... —
        E com mão trêmula, incerta
        Procura o filho, tateando as trevas
        Da sua noite lúgubre e medonha.
        Sentido o acre odor das frescas tintas,
280   Uma ideia fatal correu-lhe à mente...
        Do filho os membros gélidos apalpa,
        E a dolorosa maciez das plumas
        Conhece estremecendo: — foge, volta,
        Encontra sob as mãos o duro crânio,
285   Despido então do natural ornato!...
        Recua aflito e pávido, cobrindo
        Às mãos ambas os olhos fulminados,
        Como que teme ainda o triste velho
        De ver, não mais cruel, porém mais clara
290   Daquele exício grande a imagem viva
        Ante os olhos do corpo afigurada.
        Não era que a verdade conhecesse
        Inteira e tão cruel qual tinha sido;
        Mas que funesto azar correra o filho,
295   Ele o via; ele o tinha ali presente;
        E era de repetir-se a cada instante.

A dor passada, a previsão futura
E o presente tão negro, ali os tinha;
Ali no coração se concentrava,
300 Era num ponto só, mas era a morte!
— Tu prisioneiro, tu?
          Vós o dissestes.
— Dos índios?
 — Sim.
305   — De que nação?
    — Timbiras.
— E a muçurana funeral rompeste,
Dos falsos manitôs quebraste a maça...
— Nada fiz... aqui estou.
           — Nada! —
310   Emudecem,
Curto instante depois prossegue o velho:
— Tu és valente, bem o sei; confessa,
Fizeste-o, certo, ou já não foras vivo!
— Nada fiz; mas souberam da existência
315 De um pobre velho, que em mim só vivia...
— E depois?...
— Eis-me aqui.
— Fica essa taba?
— Na direção do sol, quando transmonta.
320 — Longe?
— Não muito.
— Tens razão; partamos!
— E quereis ir?...
— Na direção do ocaso.

VII

325 "Por amor de um triste velho,
Que ao termo fatal já chega,
Vós, guerreiros, concedestes
A vida a um prisioneiro.
Ação tão nobre vos honra,
330 Nem tão alta cortesia
Vi eu jamais praticada
Entre os Tupis, — e mais foram
Senhores em gentileza.
"Eu porém nunca vencido,
Nem nos combates por armas,
335 Nem por nobreza nos atos;
Aqui venho, e o filho trago.
Vós o dizeis prisioneiro,
Seja assim como dizeis;
Mandai vir a lenha, o fogo,
340 A maça do sacrifício
E a muçurana ligeira:
Em tudo o rito se cumpra!
E quando eu for só na terra,
Certo acharei entre os vossos,
345 Que tão gentis se revelam,
Alguém que meus passos guie;
Alguém, que vendo o meu peito
Coberto de cicatrizes,
Tomando a vez de meu filho,
350 De haver-me por pai se ufane!"

Mas o chefe dos Timbiras,
Os sobrolhos encrespando,
Ao velho Tupi guerreiro
Responde com torvo acento:

355 — Nada farei do que dizes:

É teu filho imbele e fraco!
Aviltaria o triunfo
Da mais guerreira das tribos
Derramar seu ignóbil sangue:
360 Ele chorou de cobarde;
Nós outros, fortes Timbiras,
Só de heróis fazemos pasto. —
Do velho Tupi guerreiro
A surda voz na garganta
365 Faz ouvir uns sons confusos,
Como os rugidos de um tigre,
Que pouco a pouco se assanha!

VIII

"Tu choraste em presença da morte?
Na presença de estranhos choraste?
370 Não descende o cobarde do forte;
Pois choraste, meu filho não és!
Possas tu, descendente maldito
De uma tribo de nobres guerreiros,
Implorando cruéis forasteiros,
375 Seres presa de vis Aimorés.

"Possas tu, isolado na terra,
Sem arrimo e sem pátria vagando,
Rejeitado da morte na guerra,
Rejeitado dos homens na paz,
380 Ser das gentes o espectro execrado;
Não encontres amor nas mulheres,
Teus amigos, se amigos tiveres,
Tenham alma inconstante e falaz!

"Não encontres doçura no dia,
385 Nem as cores da aurora te ameiguem,

E entre as larvas da noite sombria
Nunca possas descanso gozar:
Não encontres um tronco, uma pedra,
Posta ao sol, posta às chuvas e aos ventos,
390 Padecendo os maiores tormentos,
Onde possas a fronte pousar.

"Que a teus passos a relva se torre;
Murcham prados, a flor desfaleça,
E o regato que límpido corre,
395 Mais te acenda o vesano furor;
Suas águas depressa se tornem,
Ao contacto dos lábios sedentos,
Lago impuro de vermes nojentos,
Donde fujas com asco e terror!

400 "Sempre o céu, como um teto incendido,
Creste e punja teus membros malditos
E o oceano de pó denegrido
Seja a terra ao ignavo Tupi!
Miserável, faminto, sedento,
405 Manitôs lhe não falem nos sonhos,
E do horror os espectros medonhos
Traga sempre o cobarde após si.

"Um amigo não tenhas piedoso
Que o teu corpo na terra embalsame,
410 Pondo em vaso d'argila cuidoso
Arco e frecha e tacape a teus pés!
Sê maldito, e sozinho na terra;
Pois que a tanta vileza chegaste,
Que em presença da morte choraste,
415 Tu, cobarde, meu filho não és."

IX

    Isto dizendo, o miserando velho
    A quem Tupã tamanha dor, tal fado
    Já nos confins da vida reservara,
    Vai com trêmulo pé, com as mãos já frias
420 Da sua noite escura as densas trevas
    Palpando. — Alarma! Alarma! — O velho para!
    O grito que escutou é voz do filho,
    Voz de guerra que ouviu já tantas vezes
    Noutra quadra melhor. — Alarma! Alarma!
425 Esse momento só vale apagar-lhe
    Os tão compridos transes, as angústias,
    Que o frio coração lhe atormentaram
    De guerreiro e de pai: — vale, e de sobra.
    Ele que em tanta dor se contivera,
430 Tomado pelo súbito contraste,
    Desfaz-se agora em pranto copioso,
    Que o exaurido coração remoça.

    A taba se alborota, os golpes descem,
    Gritos, imprecações profundas soam,
435 Emaranhada a multidão braveja,
    Revolve-se, enovela-se confusa,
    E mais revolta em mor furor se acende.
    E os sons dos golpes que incessantes fervem.
    Vozes, gemidos, estertor de morte
440 Vão longe pelas ermas serranias
    Da humana tempestade propagando
    Quantas vagas de povo enfurecido
    Contra um rochedo vivo se quebravam.
    Era ele, o Tupi; nem fora justo
445 Que a fama dos Tupis — o nome, a glória,
    Aturado labor de tantos anos,
    Derradeiro brasão da raça extinta,
    De um jacto e por um só se aniquilasse.

— Basta! clama o chefe dos Timbiras,
450 — Basta, guerreiro ilustre! assaz lutaste,
E para o sacrifício é mister forças.

O guerreiro parou, caiu nos braços
Do velho pai, que o cinge contra o peito,
Com lágrimas de júbilo bradando:
455 "Este sim, que é meu filho muito amado!
"E pois que o acho enfim, qual sempre o tive,
"Corram livres as lágrimas que choro,
"Estas lágrimas, sim, que não desonram."

X

Um velho Timbira, coberto de glória,
460   Guardou a memória
Do moço, guerreiro, do velho Tupi!
E à noite, nas tabas, se alguém duvidava
    Do que ele contava,
Dizia prudente. — "Meninos, eu vi!"

465 "Eu vi o brioso no largo terreiro
    Cantar prisioneiro
Seu canto de morte, que nunca esqueci:
Valente, como era, chorou sem ter pejo;
    Parece que o vejo,
470 Que o tenho nest'hora diante de mi.
"Eu disse comigo: Que infâmia d'escravo!
    Pois não era, um bravo;
Valente e brioso, como ele, não vi!
475 E à fé que vos digo: parece-me encanto
    Que quem chorou tanto,
Tivesse a coragem que tinha o Tupi!"

       Assim o Timbira, coberto de glória,
          Guardava a memória
480   Do moço guerreiro, do velho Tupi.
       E à noite nas tabas, se alguém duvidava
          Do que ele contava,
       Tornava prudente: "Meninos, eu vi."

Marabá*

1 Eu vivo sozinha; ninguém me procura!
    Acaso feitura
    Não sou de Tupá?
  Se algum dentre os homens de mim não se esconde,
5   — Tu és, me responde
    — Tu és Marabá!

  — Meus olhos são garços, são cor das safiras,
  — Têm luz das estrelas, têm meigo brilhar,
  — Imitam as nuvens de um céu anilado,
10 — As cores imitam das vagas do mar!

  Se algum dos guerreiros não foge a meus passos:
    "Teus olhos são garços,"
  Responde anojado; "mas és Marabá:
  "Quero antes uns olhos bem pretos, luzentes,
15   "Uns olhos fulgentes,
  "Bem pretos, retintos, não cor de anajá!"

  — É alvo meu rosto da alvura dos lírios,
  — Da cor das areias batidas do mar;
  — As aves mais brancas, as conchas mais puras
20 — Não têm mais alvura, não têm mais brilhar. —

---

* *Marabá*: encontramos na *Crônica da Companhia* um trecho que explica a significação desta palavra e a ideia desta breve composição.
"Tinha certa velha enterrado vivo um menino, filho de sua nora, no mesmo ponto em que o parira, por ser filho a que chamam 'marabá' que quer dizer de mistura (aborrecível entre esta gente)". Vasconcelos, Cr. da Comp., L. 3, nº 27. (N. A.)

Se ainda me escuta meus agros delírios:
— "És alva de lírios,"
Sorrindo responde; "mas és Marabá:
"Quero antes um rosto de jambo corado,
25   "Um rosto crestado
"Do sol do deserto, não flor de cajá."

— Meu colo de leve se encurva engraçado,
— Como hástea pendente do cacto em flor;
— Mimosa, indolente, resvalo no prado,
30 — Como um soluçado suspiro de amor! —

"Eu amo a estatura flexível, ligeira,
      Qual duma palmeira,"
Então me respondem; "tu és Marabá:
"Quero antes o colo da ema orgulhosa,
35   "Que pisa vaidosa,
"Que as flóreas campinas governa, onde está."

— Meus louros cabelos em ondas se anelam,
— O ouro mais puro não tem seu fulgor;
— As brisas nos bosques de os ver se enamoram.
40 — De os ver tão formosos como um beija-flor!

Mas eles respondem: "Teus longos cabelos,
      "São louros, são belos,
"Mas são anelados; tu és Marabá:
"Quero antes cabelos, bem lisos, corridos,
45   "Cabelos compridos,
"Não cor de ouro fino, nem cor de anajá."

E as doces palavras que eu tinha cá dentro
      A quem as direi?
O ramo de acácia na fronte de um homem
50   Jamais cingirei:

Jamais um guerreiro da minha arazoia
    Me desprenderá:
Eu vivo sozinha, chorando mesquinha,
    Que sou Marabá!

Canção do tamoio

(NATALÍCIA)

I

1   Não chores, meu filho;
    Não chores, que a vida
    É luta renhida:
    Viver é lutar.
5   A vida é combate,
    Que os fracos abate,
    Que os fortes, os bravos,
    Só pode exaltar.

II

    Um dia vivemos!
10 O homem que é forte
    Não teme da morte;
    Só teme fugir;
    No arco que entesa
    Tem certa uma presa,
15 Quer seja tapuia,
    Condor ou tapir.

III

    O forte, o cobarde
    Seus feitos inveja
    De o ver na peleja
20 Garboso e feroz;
    E os tímidos velhos

Nos graves concelhos,
Curvadas as frontes,
Escutam-lhe a voz!

IV

25 Domina, se vive;
Se morre, descansa
Dos seus na lembrança,
Na voz do porvir.
Não cures da vida!
30 Sê bravo, sê forte!
Não fujas da morte,
Que a morte há de vir!

V

E pois que és meu filho,
Meus brios reveste;
35 Tamoio nasceste,
Valente serás.
Sê duro guerreiro,
Robusto, fragueiro,
Brasão dos tamoios
40 Na guerra e na paz.

VI

Teu grito de guerra
Retumbe aos ouvidos
De imigos transidos
Por vil comoção;
45 E tremam de ouvi-lo
Pior que o sibilo
Das setas ligeiras,
Pior que o trovão.

VII

    E a mãe nessas tabas,
50 Querendo calados
    Os filhos criados
    Na lei do terror;
    Teu nome lhes diga,
    Que a gente inimiga
55 Talvez não escute
    Sem pranto, sem dor!

VIII

    Porém se a fortuna,
    Traindo teus passos,
    Te arroja nos laços
60 Do imigo falaz!
    Na última hora
    Teus feitos memora,
    Tranquilo nos gestos,
    Impávido, audaz.

IX

65 E cai como o tronco
    Do raio tocado,
    Partido, rojado
    Por larga extensão;
    Assim morre o forte!
70 No passo da morte
    Triunfa, conquista
    Mais alto brasão.

X

As armas ensaia,
Penetra na vida:
75 Pesada ou querida,
Viver é lutar.
Se o duro combate
Os fracos abate,
Aos fortes, aos bravos,
Só pode exaltar.

A MANGUEIRA

Já viste coisa mais bela
Do que uma bela mangueira,
E a doce fruta amarela,
Sorrindo entre as folhas dela,
E a leve copa altaneira?
Já viste coisa mais bela
Do que uma bela mangueira?

Nos seus alegres verdores
Se embalança o passarinho;
Todo é graça, todo amores,
Decantando seus ardores
À beira do casto ninho:
Nos seus alegres verdores
Se embalança o passarinho!

O cansado viandante
À sombra dela acha abrigo;
Traz-lhe a aragem sussurrante,
Que lhe passa no semblante,
Talvez o adeus d'um amigo;
E o cansado viandante
À sombra dela acha abrigo.

A sombra que ela derrama
Todas as dores acalma;
Seja dor que o peito inflama,
Ou voraz, nociva chama
Que nos mora dentro d'alma,

A sombra que ela derrama
Todas as dores acalma.

O mancebo namorado
Para ela se encaminha;
Bate-lhe o peito açodado,
Quando chega o prazo dado,
Quando ao tronco se avizinhar,
E o mancebo namorado
Para o tronco se encaminha.

Sob a copa deleitosa
Mil suspiros se entrelaçam,
E d'uma hora aventurosa
Guarda a prova a casca anosa
Nas cifras que ali se abraçam:
Sob a copa venturosa
Mil suspiros se entrelaçam.

Grata estação dos amores,
Abrigo dos que o não têm,
Deixa-me ouvir teus cantores,
Admirar teus verdores;
Presta-me abrigo também,
Grata estação dos amores,
Abrigo dos que o não têm.

A MÃE D'ÁGUA

"Minha mãe, olha aqui dentro,
Olha a bela criatura,
Que dentro d'água se vê!
São de ouro os longos cabelos,
Gentil a doce figura,
Airosa, leve a estatura;
Olha, vê no fundo d'agua
Que bela moça não é!

"Minha mãe, no fundo d'agua
Vê essa mulher tão bela?
O sorrir dos lábios dela,
Inda mais doce que o teu,
É como a nuvem rosada
Que no romper da alvorada
Passa risonha no céu.

"Olha, mãe, olha depressa!
Inclina a leve cabeça
E nas mãozinhas resume
A fina trança mimosa,
E com pente de marfim!...
Olha agora que me avista
A bela moça formosa,
Como se fez toda rosa,
Toda candura e jasmim!
Dize, mãe, dize: tu julgas
Que ela se ri para mim!

"São seus lábios entreabertos
Semelhantes a romã;
Tem ares d'uma princesa,
E no entanto é tão medrosa!...
Ainda mais que minha irmã.
Olha, mãe, sabes quem é
A bela moça formosa,
Que dentro d'agua se vê!"

— Tem-te, meu filho; não olhes
Na funda, lisa corrente:
A imagem que te embeleza
É mais do que uma princesa,
É menos do que é a gente.

— Oh ! quantas mães desgraçadas
Choram seus filhos perdidos!
Meu filho, sabes por que?
Foi porque deram ouvidos
À leve sombra enganosa,
Que dentro d'agua se vê.

— O seu sorriso é mentira,
Não é mais que sombra vã;
Não vale aquilo que eu valho,
Nem o que vale tua irmã:
É como a nuvem sem corpo
De quando rompe a manhã.

— É a mãe d'agua traidora,
Que ilude os fáceis meninos,
Quando eles são pequeninos
E obedientes não são;
Olha, filho, não a escutes,
Filho do meu coração:
O seu sorriso é mentira,
É terrível tentação. —

Junto ao rio cristalino
Brincava o ledo menino,
    Molhando o pé;
O fresco humor o convida,
Menos que a imagem querida,
Que n'água vê.

Cauteloso de repente,
Ouve o conselho prudente,
    Que a mãe lhe dá;
Não é anjo, não é fada,
Mas uma bruxa malvada,
    E coisa má.

Ela é quem rouba os meninos
Para os tragar pequeninos,
    Ou mais talvez
E para vingar-se n'água
Da causa tanta mágoa,
    Remexe os pés.

Turba a fonte num instante,
Já não vê o belo infante
    A sombra vã,
E as brancas mãos delicadas
E as longas tranças douradas
    Da sua irmã.

O menino arrependido
Diz consigo entristecido:
    — Que mal fiz eu!
Minha mãe bem que indulgente,
Só por não me ver contente,
    Me repreendeu. —

Era figura tão bela!
E que expressão tão singela,
    Que riso o seu!
Oh! minha mãe certamente
Só por não me ver contente,
    Me repreendeu!

Espreita, sim, mas duvida
Que a bela imagem querida
    Torne a volver;
E na fonte cristalina
Para ver todo se inclina
    Se a pode ver!

Acha-se ainda turbada,
E a bela moça agastada
    Não quer voltar;
Sacode leve a cabeça,
Em quanto o pranto começa
    A borbulhar.

E de triste e arrependido
Diz consigo entristecido:
    — Que mal fiz eu!...
Leda ao ver-me parecia,
Era boa, e me sorria...
    Que riso o seu!

* * *

As águas no entanto de novo se aplacam,
A lisa corrente se espelha outra vez,
E a imagem querida no fundo aparece
Com mil peixes vários brincando a seus pés.

Do colo uma charpa trazia pendente,
Cortando-lhe o seio de brancos jasmins,
Um iris nas cores, e as franjas bordadas
De prata luzente, de vivos rubis.

Uma harpa a seu lado frisava a corrente
Gemendo queixosa da leve pressão,
Como harpas etéreas, que as brisas conversam,
Achando-as perdidas em nesta solidão.

Sentida, chorosa parece que estava,
E o belo menino sentado a chorar
"Perdoa, dizia-lhe, o mal que te hei feito;
Por minha vontade não hei de tornar!

A harpa dourada de súbito vibra,
A charpa se agita do seio ao revés;
Das franjas garbosas as pedras refletem
Infindos luzeiros nos úmidos pés.

Os peixes pasmados de súbito param
No fundo luzente de puro cristal;
Fantásticos seres assomam às grutas
Do nítido âmbar, do vivo coral!

Entanto o menino se curva e se inclina
Por ver mais de perto a donosa visão;
A mãe, longe dele, dizia: — Meu filho,
Não ouças, não vejas, que é má tentação. —

* * *

"Vem, meu amigo, dizia
A bela fada engraçada,[1]

---

[1] Dotada de graça e formosura.

Pulsando a harpa dourada:
— Sou boa, não faço mal,
Vem ver meus belos palácios,
Meus domínios dilatados,
Meus tesouros encantados
No meu reino de cristal.

"Vem, te chamo: vê a linha
Como é bela e cristalina;
Vê esta areia tão fina,
Que mais que a neve seduz!
Vem, verás como aqui dentro
Brincam mil leves amores,
Como em listas multicores
Do sol se desfaz a luz.

"Se não achas borboletas,
Nem as vagas mariposas,
Que brincam por entre as rosas
Do teu ameno jardim;
Tens mil peixinhos brilhantes,
Mais luzentes e mais belos
Que o ouro dos meus cabelos,
Que a nitidez do cetim."

* * *

Entanto o menino se curva e se inclina
Por ver demais perto a donosa visão;
E a mãe longe dele, dizia: meu filho,
Não ouças, não vejas, que é má tentação.

"Vem, meu amigo, tornava
A bela fada engraçada,
Vem ver a minha morada,
O meu reino de cristal:

Não se sente a tempestade
Na minha espaçosa gruta,
Nem voz do trovão se escuta,
Nem roncos do vendaval."

"Aqui, ao findar do dia,
Tudo rápido se acende,
E o meu palácio resplende
De vivo, etéreo clarão.
Mil figuras aparecem,
Mil donzelas encantadas
Com angélicas toadas
De ameigar o coração.

"Quando passo, as brandas águas
Por me ver passar se afastam,
E mil estrelas se engastam
Nas paredes do cristal.
Surgem luzes multicores,
Como desses pirilampos,
Que tu vês andar nos campos,
Sem contudo fazer mal."

"Quando passo, mil sereias,
Deixando as grutas limosas,
Formam ledas, pressurosas,
O meu séquito real:
Vem! dar-te-ei meus palácios,
Meus domínios dilatados,
Meus tesouros encantados
E o meu reino de cristal."

Entanto o menino se curva e se inclina
    Para a visão;
E a mãe lhe dizia: Não vejas, meu filho,
    Que é tentação.

E o belo menino, dizendo consigo —
    Que bem fiz eu!
Por ver o tesouro gentil, engraçado,
    Que já é seu:

Atira-se às águas: n'um grito medonho
A mãe lastimável — Meu filho! — bradou:
Respondem-lhe os ecos, porém voz humana
Aos gritos da triste não torna: — aqui estou!

POESIAS DIVERSAS

NENIA

À MORTE SENTIDÍSSIMA DO SERENÍSSIMO PRÍNCIPE IMPERIAL
O SENHOR D. PEDRO.

À SUA MAJESTADE O IMPERADOR.

I.

Morreste, como a folha verde e linda,
Que não viu murcho o esmeraldino encanto;
Bem como um ai que melindroso finda,
Em quanto as faces não roreja o pranto!

Bem como a flor inda em botão ceifada,
Em quanto aromas recendia pura;
Bem como a onda, quando mal formada,
Nos brancos frisos do areal murmura!

Bem como a aurora tímida que morre,
Em quanto os céus de rosicler matiza;
Bem como o sopro de ligeira brisa,
Que entre os olores da manhã discorre!

Mimosa esperança do Brasil, batendo
Às férreas portas da existência, viste
O mundo aflito e a humanidade triste
Seu negro fado e sua dor sofrendo!

Cheio de compaixão atrás voltaste
Do horrífico espetáculo, tapando
Com as asas do anjo o rosto brando,
E no seio do Eterno te asilaste.

Morreste! como aurora sem poente,
Como flor, que perfume ainda exalava,
Como o sopro da brisa recendente,
Como a onda, que apenas se formava!

Morreste! como a folha verde e bela
N'um tronco forte a despontar louçã,
Não arrancada à sanha da procela,
Mas leve solta aos beijos da manhã.

Morreste! como lâmpada brilhante,
Ainda virgem, sem dar mística luz;
Ou turíbulo de incenso crepitante,
Esquecido nos braços de uma cruz.

Morreste! e os anjos da eternal morada
Levarão entre palmas e capelas
Tua alma, como uma harpa não tocada,
Àquele, cujo trono é sobre estrelas,

Morreste! como aurora sem poente,
Como flor que perfume ainda exalava,
Como o sopro da brisa recendente,
Como a onda que apenas se formava.

Nenhum bulcão toldou a aurora maga,
Em quanto no horizonte apavonou-se,
A brisa em vendaval não transtornou-se;
A folha em cinza, nem a onda em vaga.

II

Não ouviste, oh belo anjinho,
Na hora do passamento
Para abrandar teu tormento

Do berço teu ao redor,
Dos teus irmãos a falange
Com opas de luz brilhante,
Nas harpas de diamante
Cantar hosana ao Senhor?

Teu espírito inocente,
Tocado da luz divina,
Que a fraca mente ilumina
Dos resplendores de Deus,
Não anteviu outros gozos,
Não correu nos frouxos ares,
Não foi roçar nos palmares,
Nas rosas puras dos céus?

Viste-os, sim; porém voltando
Outra vez à vida escassa,
Tua alma triste esvoaça
Sobre os teus restos mortais;
E entre os rostos que divisas,
Que a tua vida pranteiam,
Entre quantos te rodeiam,
Tu não enxergas teus pais!

Corres então a trazer-lhes
Nas meigas asas brilhantes
Dos teus últimos instantes
O teu alento final;
E em redor deles choraste
De não ter deixado a vida,
Por extrema despedida,
N'um amplexo paternal!

Vai, ó anjo, sobe, voa,
Deixa a terra ingrata e rude,
Vai onde mora a virtude,

E prêmio a inocência tem;
Mas nos divinos prazeres,
Mas no celeste cortejo,
Terás o materno beijo,
Não serás órfão também?

III

Desprega tuas asas de cores suaves,
Adeja no espaço, procura o teu Deus:
O aroma das flores, o canto das aves,
O que há de mais puro se entranha nos céus.

Oh! foge da terra! bem como a neblina
Que em rolos de neve, que espuma figura,
Mais frouxa, mais leve, na luz matutina,
Qual nuvem de incenso, do céu se pendura.

Mas quando a balança dos nossos destinos,
Na grávida concha dos nossos pecados
Sumir-se no abismo — dos raios divinos
Os golpes apara nos contos dourados.

Não caia do Eterno a justa inclemência
No povo, que soube teu berço guardar;
Ampara-o nas asas da tua inocência,
Que os prantos de um anjo nos podem salvar.

Desdobra tuas asas de cores suaves,
Adeja no espaço, procura o teu Deus:
O aroma das flores, e o canto das aves
E o que há de mais puro se perde nos céus.

IV

SENHOR, se na aflição que te consome,
Na dor imensa, que teu peito acanha,
Pôde erguer-se do bardo a voz sentida
E aos teus soluços misturar seu pranto;
Se a dor do pai não absorva inteiro
O peito augusto do Monarca excelso,
Enxuga as tristes lágrimas que vertes!
    Melhor, talvez, que o trono é ver chorando
Um povo inteiro em torno de um sepulcro,
Um vácuo berço de seu pranto enchendo!
A sorte pois te curva, e à lei daquele
(Envolta em seus recônditos desígnios)
A quem aprouve nivelar, cortando
Co' o mesmo golpe as esperanças de ambos,
— A dor de um pai e as aflições de um povo! —

Janeiro 10, de 1850.

Olhos verdes

> Eles verdes são:
> E têm por usança,
> Na cor esperança,
> E nas obras não.
> *CAM., RIM.* *

1   São uns olhos verdes, verdes,
     Uns olhos de verde-mar,
     Quando o tempo vai bonança;
     Uns olhos cor de esperança,
5   Uns olhos por que morri;
       Que ai de mi!
     Nem já sei qual fiquei sendo
     Depois que os vi!

     Como duas esmeraldas,
10 Iguais na forma e na cor,
     Têm luz mais branda e mais forte,
     Diz uma — vida, outra — morte;
     Uma — loucura, outra — amor.
       Mas ai de mi!
15 Nem já sei qual fiquei sendo
     Depois que os vi!

     São verdes da cor do prado,
     Exprimem qualquer paixão,
     Tão facilmente se inflamam,
20 Tão meigamente derramam
     Fogo e luz do coração;
       Mas ai de mi!

---

* *Cam., Rim.*: *Rimas*, coleção das líricas de Camões.

       Nem já sei qual fiquei sendo
       Depois que os vi!

25 São uns olhos verdes, verdes,
     Que podem também brilhar;
     Não são de um verde embaçado,
     Mas verdes da cor do prado
     Mas verdes da cor do mar.
30   Mas ai de mi!
     Nem já sei qual fiquei sendo
       Depois que os vi!

     Como se lê num espelho,
     Pude ler nos olhos seus!
35 Os olhos mostram a alma,
     Que as ondas postas em calma
     Também refletem os céus;
       Mas ai de mi!
     Nem já sei qual fiquei sendo
40   Depois que os vi!

     Dizei vós, ó meus amigos,
     Se vos perguntam por mi,
     Que eu vivo só da lembrança
     De uns olhos cor de esperança,
45 De uns olhos verdes que vi!
       Que ai de mi!
     Nem já sei qual fiquei sendo
       Depois que os vi!

     Dizei vós: Triste do bardo!
50 Deixou-se de amor finar!
     Viu uns olhos verdes, verdes,
     Uns olhos da cor do mar:
     Eram verdes sem esperança,
     Davam amor sem amar!

55 Dizei-o vós, meus amigos,
   Que ai de mi!
   Não pertenço mais à vida
   Depois que os vi!

CUMPRIMENTO DE UM VOTO

Feito às Sras. de Itapaeora, que abrilhantaram a festa do Ilmo. Sr. Antônio José Rodrigues Torres.

Porto das caixas — 25 de agosto de 1850.

Se ao mísero cantor vos apraz mandar-lhe
Cantar voltas de amor, à graça tanta
Será mudo o cantor, nem há de aos ecos
A cítara incivil falar de amores?
Mandais, que sois, senhoras, minhas musas;
Quando a senhora manda o escravo cumpre
E às súplicas da musa o vate cede!
Afinada por voz a lira humilde,
Já desafeita aos sons que o peito abrandam,
À nova esfera se remonta agora.
O frescor juvenil dos vossos anos,
E as que vos ornam, deleitosas graças,
Hão de ameigar-lhe as cordas, perfumá-las,
Ditar-lhe os fáceis, inspirados carmes.

* * *

A estrela, que fulge no céu anilado,
Com plácido brilho de noite inflama;
    Na fonte e no prado
Reflexos luzentes esparge e derrama.

Nos ramos cobertos de ameno rocio
As aves descantam à luz da alvorada,
    E a meiga toada
Repetem aos ecos do bosque sombrio.

Na gleba virente, do sol bafejada,
Recende perfumes a flor matutina,
    Que à luz da alvorada
Ao sopro da brisa de leve se inclina.

A flor que trescala perfumes suaves,
A estrela que brilha no céu anilado.
    E o canto das aves,
Que soa no bosque virente e copado;

Se cantam, perfumam, despedem fulgores,
É tal o seu fado: — vós sois como elas,
    Sois como as estrelas,
Na graça e no canto, sois aves, sois flores.

Como elas, pagai-vos de ver quão fugazes
Encurtam-se as horas do nosso viver,
    De ver como as faces,
Que tendes em torno, resumbrão prazer.

    * * *

Estes versos na mente sussurravam
Do vate, cuja lira merencória
Foi por vós de festões engrinaldada;
Por vós, cujo sorriso mavioso

Melhor perfume exala, do que as notas
Concertadas com arte; dai um riso
Dos vossos, um volver dos brandos olhos,
Aos alegres convivas; e um reflexo
Do vosso meigo olhar e brando riso
Venha morrer na lira do poeta,
Como do astro-rei quando no ocaso
Doura no campo as folhas mais humildes.

LIRA QUEBRADA

> *Ah! ya agostada*
> *Siento mi juventud, mi faz marchita,*
> *Y la profunda pena que mi agita*
> *Ruga mi frente de dolor nublada.*
>
> HEREDIA.

Pede cantos aos ledos passarinhos,
Pede clarão ao sol, perfume às flores,
Às brisas suspirar, murmúrio aos ventos,
Doces querelas ao correr das fontes;

E o sol, a ave, a flor, a brisa, os ventos
E as fontes que murmuram docemente,
Na festa da tua alma hão-de seguir-te,
Como um som pelos ecos repetido.

Mas não peças à lira abandonada
Um alegre cantar, — já murchas pendem
As grinaldas gentis de que a tocaram
Donzeis louçãos, enamoradas virgens.

Hoje mal partem roucos sons dos nervos,
Que amargo pranto distendeu sem custo;
Quem há que se não doe de ouvir cantados
Uns versos de prazer entre soluços?

Mas não peças um hino ao triste bardo!
Verde ramo d'uma árvore gigante

O raio no passar queimou-lhe o viço,
Deixando-o por escárnio entre verdores.

Uma febre, um ardor nunca apagado,
Um querer sem motivo, um tédio à vida
Sem motivo também, — caprichos loucos,
Anelo de outro mundo, de outras coisas;

Desejar coisas vãs, viver de sonhos,
Correr após um bem logo esquecido,
Sentir amor e só topar frieza,
Cismar venturas e encontrar só dores;

Fizeram-me o que vês: não canto, sofro!
Lira quebrada, coração sem forças
De poético manto as vou cobrindo,
Por disfarçar desta arte o mal que passo.

Mas se ainda tens prazer à luz da aurora,
Se te ameiga fitar longos instantes,
Sentada à beira mar, na paz de um ermo,
Uma flor, uma estrela, os céus e as nuvens;

Pede canto aos ledos passarinhos,
À brisa, ao vento, à fonte que murmura;
Mas não peças canções ao triste bardo,
A quem até para um ai já falta o alento.

A PASTORA

Foram as trevas fugindo,
  E luzindo
Nasce o sol sobre o horizonte;
Quando a pastora formosa
  E mimosa
Já caminho vai do monte!

A relva tenra e molhada,
  Orvalhada,
Que de noite despontou,
Se levanta melindrosa,
  Mais viçosa
Depois que o sol a afagou!

Nos ramos cantam, trinando
  E saltando,
As aves seu casto amor;
Aqui, ali, cintilante
  E brilhante
Desabrocha a linda flor.

E a pastorinha engraçada,
  Bem fadada,
Na fresca manhã de abril,
Vai cantando maviosa,
  E saudosa
Pensando no seu redil.

Para as serras do Gerez
    Toca a rês
Toca a rês, gentil pastora;
Lá te aguarda o bom pastor,
    Teu amor,
Que te chama encantadora.

Vai, pastora, vai depressa,
    Já começa
O sol no vale a brilhar;
Vai, que as tuas companheiras,
    Galhofeiras,
Lá estão com ele a folgar!

Pela aldeia entre os pastores
    Vão rumores
De que tens uma rival,
Nessa Alteia, a tua antiga,
    Doce amiga,
Que te quer hoje tão mal!

Tu não sabes que os amores
    São traidores,
Que o homem não sabe amar;
E que diz: "Esta é mais bela;
    Mas aquela
É que me sabe agradar!"

Tenho d'Alteia receios,
    Que tem meios
De prender um coração.
É viva, bela, engraçada,
    Festejada
Nos cantares do serão.

Como a neve em seus lavores,
    Nos amores
Que caprichosa não é!
Zomba dele quando o topa,
    E o provoca
De mil maneiras, à fé!

Te dizem — será mentira —
    Que lhe atira
Seus motetes muita vez;
Dizem mais, que há prendas dadas
    E trocadas
Não sei; mas será talvez!

Triste de ti, se assim fora,
    Oh pastora,
Triste de ti sem amor!
Foras alvo dos festejos,
    Dos motejos,
E do canto mofador!

Cheia de pudico medo,
    Ao folguedo
Do domingo festival,
Não irias, oh formosa,
    Vergonhosa
Dos olhos d'uma rival!

Para as serras do Gerez
    Toca a rês,
Toca a rês, gentil pastora;
Lá te aguarda o bom pastor,
    Teu amor,
Que te chama encantadora!

Gerez.

A INFÂNCIA

I

Belo raio do sol da existência,
Meninice fagueira e gentil,
Doce riso de pura inocência
Sempre adorne teu rosto infantil.

Sempre tenhas, anjinho inocente,
Quem se apresse em teus passos guiar,
E uma voz que o teu sono acalente,
E um sorriso no teu acordar.

Enlevada nos sonhos jocundos
Voz etérea te venha falar,
E visão d'outros céus, d'outros mundos,
Venha amiga tua alma encantar.

* * *

Leda infância gentil! E quem não te ama?
Quem são de pedra o coração não sente
Aos teus encantos meigos mais tranquilo?
Quem não sente memórias d'outras eras
Travarem-lhe da mente ao recordar-se
Aquele gozo puro e suavíssimo
De vida, que jamais não tem logrado?
Recordações de um mundo adormecido
Lá lhe estão dentro d'alma esvoaçando,
Como harpejos de música longínqua!

E a mente nos seus quadros embebida,
Por mágica ilusão enfeitiçada,
Como outrora, talvez somente veja
Na terra — um chão de flores estrelado,
E nos céus — outro chão de flores vivas!

II

Afagada e bem vinda e querida
Travessuras cismando infantis,
Nos caminhos floridos da vida
Vai mimosa, imprudente e feliz!

É sua vida um contínuo festejo,
Sonhos de ouro só sabe sonhar,
Toda ela um afã, um desejo
D'outros jogos contente brincar.

Puro riso o semblante lhe adorna,
Logo pranto começa a verter,
E depois outro riso lhe torna,
E depois outro pranto a correr.

* * *

Tão perto jaz a fonte da amargura,
Da fonte do prazer! — porém tão doces
Essas lágrimas são! — tão abundantes,
Tão sem causa e simpáticas gotejam
Numa tez de carmim, num rosto belo!
Quem as vê, que sorrindo as não enxuga?
Mas não todo consumas o tesouro
Único e triste, que ao infeliz sobeja
Nas horas do sofrer; no tempo amargo,
No qual o rosto pálido se enruga,

E os olhos secos, áridos chamejam,
Será talvez bem grato refrigério
Uma lágrima só, em que arrancada
A forca da aflição dos seios d'alma.
Mas tu, feliz, sorri, enquanto a vida,
Como um rio entre flores, se desliza
Macio, puro, recendendo aromas.

III

Belo raio do sol da existência,
Flor da vida, mimosa e gentil,
Fonte pura de meiga inocência,
Leve gozo da quadra infantil!

Quem fruir-te outra vez não deseja,
Quando vê sobre a veiga formosa
A menina travessa e ruidosa,
Borboleta que alegre doudeja?

A menina é uma flor de poesia,
Um composto de rosa e jasmim,
Um sorriso que Deus alumia,
Um amor de gentil serafim!

* * *

Folga e ri no começo da existência,
Borboleta gentil! a flor dos vales,
Da noite à viração abrindo o cálix,
O puro orvalho da manhã te guarda;
Inda perfumes dá, que te embriagam,
Inda o sol quando aquece os vivos raios,
Nas asas multicores cintilando,
Com terno amor de pai, em torno esparge

Pó sutil de rubis e de safiras.
Folga e ri no começo da existência,
Humano serafim, que esse perfume
São das asas do anjo, que se impregnam
Dos aromas do céu, quando atear-se,
Roaz fogo de vida começando,
Quanto havemos de Deus consome e apaga.

IV

Porém tu, afagada e querida,
Com requebros donosos, gentis,
Vai contente caminho da vida,
Belo anjinho, mimoso e feliz!

E do bardo a canção magoada,
Quando a possas um dia escutar,
Há de ser como rota grinalda,
Que perfumes deixou de exalar!

E esta mão talvez seja sem vida,
E este peito talvez sem calor,
E memória apagada e sumida,
Talvez seja a do triste cantor!

URGE O TEMPO

> Move incessante as asas incansáveis
> O tempo fugitivo;
> Atrás não volta!
> A. de Gusmão.

Urge o tempo, os anos vão correndo,
Mudança eterna os seres afadiga!
O tronco, o arbusto, a folha, a flor, o espinho,
Quem vive, o que vegeta, vai tomando
Aspectos novos, nova forma, enquanto
Gira no espaço e se equilibra a terra.

Tudo se muda, tudo se transforma;
O espírito, porém, como centelha,
Que vai lavrando solapada e oculta,
Até que enfim se torna incêndio e chamas,
Quando rompe os andrajos morredouros,
Mais claro brilha, e aos céus consigo arrasta
Quanto sentiu, quanto sofreu na terra.

Tudo se muda aqui! Somente o afeto,
Que se gera e se nutre em almas grandes,
Não acaba, não muda; vai crescendo,
Com o tempo avulta, mais aumenta em forças,
E a própria morte o purifica e alinda.
Semelha estátua erguida entre ruínas,
Firme na base, intacta, mais bela
Depois que o tempo a rodeou de estragos.

SOBRE O TÚMULO DE UM MENINO

26 de Outubro de 1848

O invólucro de um anjo aqui descansa,
Alma do céu nascida entre amargores,
Como flor entre espinhos; — tu, que passas,
Não perguntes quem foi. — Nuvem risonha,
Que um instante correu no mar da vida;
Romper da aurora que não teve ocaso,
Realidade no céu, na terra um sonho!
Fresca rosa nas ondas da existência,
Levada à plaga eterna do infinito,
Como oferenda de amor ao Deus que o rege;
Não perguntes quem foi, não chores: passa.

MENINA E MOÇA

Ma bienvenue au jour me rit dans tous les yeux!

Chenier.

É leda a flor que desponta
Sobre o talo melindroso,
E o rebento viçoso
Crescendo em flóreo tapiz;
É doce o romper da aurora,
Doce a luz da madrugada,
Doce o luzir da alvorada,
Doce, mimoso e feliz!

É bela a virgem risonha
Com seus músicos acentos,
Com seus virgens pensamentos,
Com seus mimos infantis;
Como quanto incita a vida,
Que à luz sorri da existência,
Que tem na sua inocência
Da mocidade o verniz.

Vinga a flor a pouco e pouco,
Cada vez mais bem querida,
Tem mais encantos, mais vida,
Tem mais brilho, mais fulgor:
De cada gota de orvalho
Extrai celeste perfume,
E do sol no raio assume
Cada vez mais viva cor.

Assim à virgem mimosa,
Pouco e pouco, noite e dia,
Mais viva flor de poesia
Do rosto lhe tinge a cor;
E um anjo nos meigos sonhos,
Do seu peito na dormência
Derrama o odor da inocência,
Um doce raio de amor!

Porque tudo, quando nasce,
Seja a luz da madrugada,
Seja o romper da alvorada,
Seja a virgem, seja a flor;
Tem mais amor, tem mais vida,
Como celeste feitura,
Que sai melindrosa e pura
D'entre as mãos do criador.

28 de julho.

COMO EU TE AMO

Como se ama o silêncio, a luz, o aroma,
O orvalho n'uma flor, nos céus a estrela,
No largo mar a sombra de uma vela,
Que lá na extrema do horizonte assoma;

Como se ama o clarão da branca lua,
Da noite na mudez os sons da flauta,
As canções saudosíssimas do nauta,
Quando em mole vaivêm a nau flutua;

Como se ama das aves o gemido,
Da noite as sombras e do dia as cores,
Um céu com luzes, um jardim com flores,
Um canto quase em lágrimas sumido;

Como se ama o crepúsculo da aurora,
A mansa viração que o bosque ondeia,
O sussurro da fonte que serpeia,
Uma imagem risonha e sedutora;

Como se ama o calor e a luz querida,
A harmonia, o frescor, os sons, os céus,
O silêncio, as cores, o perfume, a vida,
Aos pais e à pátria e à virtude e a Deus.

* * *

Assim eu te amo, assim; mais do que podem
Dizer-te os lábios meus, — mais do que vale

Cantar a voz do trovador cansada:
O que é belo, o que é justo, santo e grande
Amo em ti. — Por tudo quanto sofro,
Por quanto já sofri, por quanto ainda
Me resta de sofrer, por tudo eu te amo.
O que espero, cobiço, almejo, ou temo
De ti, só de ti pende: oh! nunca saibas
Com quanto amor eu te amo, e de que fonte
Tão terna, quanto amarga o vou nutrindo!
Esta oculta paixão, que mal suspeitas,
Que não vês, não supões, nem te revelo,
Só pode no silêncio achar consolo,
Na dor aumento, intérprete nas lágrimas.

* * *

De mim não saberás como te adoro;
    Não te direi jamais,
Se te amo, e como, e a quanto extremo chega
    Esta paixão voraz!

Se andas, sou o eco dos teus passos;
    Da tua voz, se falas;
O murmúrio saudoso que responde
    Ao suspiro que exalas.

No odor dos teus perfumes te procuro,
    Tuas pegadas sigo;
Velo teus dias, te acompanho sempre,
    E não me vês contigo!

Oculto, ignorado me desvelo
    Por ti, que me não vês;
Aliso o teu caminho, esparjo as flores,
    Onde pisam teus pés.

Mesmo lendo estes versos, que me inspiras,
Não pensa em mim, dirás:
Imagina-o, si o podes, que os meus lábios
Não te dirão jamais!

* * *

Sim, eu te amo; porém nunca
Saberás do meu amor;
A minha canção singela
Traiçoeira não revela
O prêmio santo que anhela
O sofrer do trovador!

Sim, eu te amo; porém nunca
Dos lábios meus saberás,
Que é fundo como a desgraça,
Que o pranto não adelgaça,
Leve, qual sombra que passa,
Ou como um sonho fugaz!

Aos meus lábios, aos meus olhos
Do silêncio imponho a lei;
Mas lá onde a dor se esquece,
Onde a luz nunca falece,
Onde o prazer sempre cresce,
Lá saberás se te amei!

E então dirás: "Objeto
Fui de santo e puro amor,
A sua canção singela,
Tudo agora me revela;
Já sei o prêmio que anela
O sofrer do trovador.

"Amou-me como se ama a luz querida,
Como se ama o silêncio, os sons, os céus,
Como se ama as cores, o perfume, a vida,
Os pais e a pátria, e a virtude e a Deus!

"Amo-o agora também como as estrelas,
Como as harpas divinas, como aos céus,
Como aos anjos de palmas e capelas,
Que entoam coros místicos a Deus!"

AS DUAS COROAS

Hermosa, en tu linda frente
El laurel sienta mejor,
Que con su regio esplendor
Corona de rei potente.

G. y S.

Ha duas coroas na terra,
Uma de ouro cintilante
Com esmalte de diamante,
Na fronte do que é senhor;
Outra modesta e singela,
Coroa de meiga poesia,
Que a fronte ao vate alumia
Com a luz de um resplendor.

Ante a primeira se curvam
Os potentados da terra:
No bojo, que a morte encerra,
Sobre a líquida extensão,
Levam naus os seus ditames
Da peleja entre os horrores;
Vis escravos, crus senhores,
Preito e menagem lhe dão.

E quando o vate suspira
Sobre esta terra maldita,
Ninguém a voz lhe acredita,
Mas riem dos cantos seus:

Os anjos, não; porque sabem
Que essa voz é verdadeira,
Que é dos homens a primeira,
Enquanto a outra é de Deus!

Se eu fora rei, não te dera
Quinhão na régia amargura;
Nem te queria, virgem pura,
Sentada sob o dossel,
Onde a dor tão viva anseia,
Tão cruel, tão funda late,
Como no peito que bate
Sob as dobras do burel.

Não te quisera no trono,
Onde a máscara do rosto,
Cobrindo o interno desgosto,
Ser alegre tem por lei;
Manda Deus, sim, que o rei chore;
Mas que chore ocultamente,
Porque, se o soubera a gente,
Ninguém quisera ser rei!

Mas o vate, quando sofre,
Modula em meigos acentos
Seus doridos pensamentos,
A sua interna aflição,
E das lágrimas choradas
Extrai um bálsamo santo,
Que vale estancar o pranto
Nos olhos do seu irmão.

Se eu fora rei, não quisera
Roubar-te a senda florida,
Onde corre doce a vida
No matutino arrebol;

Gozas o sopro das brisas
E o leve aroma das flores,
E as nuvens, que mudam cores
No nascer, no pôr do sol.

Gozam disto as que repousam
Em tábuas de vis grabatos;
Não quem vive entre os ornatos
D'um trono de ouro e marfim!
No solo triste, sentada,
Não virás um rosto amigo,
Nem mais viverás contigo,
Foras escrava — por fim!

Vive tu teu viver simples,
Mimosa e gentil donzela,
D'entre todas a mais bela,
Flor de candura e de amor!
Coroa melhor eu te ofereço,
D'ouro não, mas de poesia,
Coroa que a fronte alumia
Com divino resplendor!

ARPEJOS

Sweetest Music!... *

Shakespeare

1 Da noite no remanso
    Minha alma se extasia,
    E praz-me a sós comigo
    Pensar na solidão;
5 Deixar arrebatar-me
    De vaga fantasia,
    Deixar correr o pranto
    Do fundo coração.

    Tudo é silêncio harmônico
10 E doce amenidade,
    E uma expansão suave
    Do mais fino sentir;
    Existo! E no passado
    Só tenho uma saudade,
15 Desejos no presente,
    Receios no porvir!

    Como licor que mana
    De cava, úmida rocha,
    Que o sol nunca evapora,
20 Nem limpa amiga mão;
    A dor que dentro sinto
    Minha alma desabrocha;
    Que livre o pranto corre
    Da noite na solidão!

---

* A mais doce música...
Shakespeare: o maior poeta da Inglaterra (1564-1616).

25 Atendo! Ao longe escuto
Duma harpa os sons queixosos,
Atendo! E logo sinto
Minha alma se alegrar!
Atendo! São suspiros
30 De seres vaporosos,
Que mil imagens vagas
Me fazem recordar!

Tu que eras minha vida,
Que foste os meus amores,
35 Imagem grata e bela
Dum tempo mais feliz
Que tens, que assim chorosa
Suspiras entre as flores?
Teu sou, — do juramento
40 Me lembro, que te fiz.

Te vejo, te procuro,
Teus mudos passos sigo,
Enquanto, leve sombra,
Fugindo vais de mi!
45 Unido às notas da harpa
Percebo um som amigo,
Que me recorda o timbre
Da voz que já te ouvi!

Na brisa que soluça,
50 Na fonte que murmura,
Nas folhas que se movem
Da noite à viração,
Ainda escuto os ecos
Duma fugaz ventura,
55 Que assim me deixou triste
Em mesta solidão.

Prossegue, harpa ditosa,
Nas doces harmonias,
Que da minha alma sabes
60 A mágoa adormecer;
Prossegue! E a doce imagem
Dos meus primeiros dias
Veja eu ante os meus olhos
De novo aparecer!

65 Ai, foram como a virgem
Que em sítio solitário
Acaso um dia vimos
Sozinha a divagar!
Memória, benfazeja,
70 Que o gélido sudário,
Que a morte em nós estende,
Não vale desbotar.

TRISTE DO TROVADOR

> E ela era esbelta e bem proporcionada:
> sua alma era como a sensitiva, e suas palavras
> eram doces e tinham um perfume, que
> se não pôde comparar.
>
> (*Duas noites de luar.*)

E ela era como a rosa matutina
    Formosa e bela,
E como a estrela que à noite ao mar se inclina,
    Saudosa era ela.

Seus olhos negros, vivos e rasgados,
    Era delícias vê-los;
E com a alvura do rosto contrastava
    A cor dos seus cabelos.

Quando alguém lhe falava, então falava
    Com voz macia,
Que triste dentro d'alma nos filtrava
    Doce alegria.

E o seu timbre de voz movia as fibras
    Do coração,
Como sons que a mudez da noite quebram
    Na solidão.

Seu mais leve sentir patenteava
    No rosto ameno;
Nuvenzinha da tarde, que se enxerga
    Em céu sereno.

Topou-a acaso pensativa, errante,
    O trovador:
"Feliz, disse ele, quem gozara os mimos
    Do seu amor!"

E ela deu-lhe do seio uma saudade
    Murcha, porém bela,
E ele um culto votou, cismando extremos,
    À pálida donzela.

Como fosse, porém, breve a sua vida
    Como uma flor,
Em breves dias era mudo e triste
    O trovador.

* * *

Se alguma vez cantava, — só dizia
Ao seu anjo do céu, que lá morava,
Que de ter junto dele só pedia
A vida sua, que tão erma estava.

VELHICE E MOCIDADE

Eu levo à sepultura, uns após outros,
A donzela gentil, o velho enfermo
E o mancebo que folga descansado
À sombra da ventura.

"Minha filha, mais depressa,
Mais depressa um pouco andemos,
E da aurora que desponta
Saudável frescor gozemos!

"Senta-me embaixo do chorão, que dobra
A verde rama sobre a campa nua
De um ser de peito bom, de rosto belo,
Que foi minha mulher, que foi mãe tua!

"O sol, nascendo apenas, vem primeiro
Seus raios nessa campa dardejar,
E à cansada velhice é bem fagueiro
Esses restos da vida desfrutar."

* * *

Um cego e triste velho que tremia
À força dos invernos que passaram,
À filha nova e bela, assim dizia,
À filha que os amores cobiçaram.

E tinha o velho pai nos ombros dela
A mão crestada e morta e já rugosa,
E ela ao pai, solícita, extremosa,
Guiava como um anjo e alva e bela.

* * *

"Nem sempre o que ora vês teu pai tem sido,
Oh filha da minha alma, oh meu tesouro,
Também um tempo foi que, entretecido,
Tive o fio vital de seda e de ouro!
"Também meus olhos se espraiaram longe,
Pela vasta extensão destas campinas;
Também segui a tortuosa veia
Desta linda corrente que se perde
    Além, por entre penhas;
E a esmeraldina cor, de que se arreia
A relva destes prados, destas brenhas,
Meus olhos juvenis encheu de gozo,
Que agora os olhos teus também recreia!

"E que prazer tão grande! O sol nascia
    Num mar de luz brilhante!
Levantava-se mais, brilhava, ardia,
    No prado verdejante,
    Na fonte e na devesa;
    E o mundo e a natureza
    De puro amor enchia!
Destacavam-se os montes de neblina,
    Que meiga e adelgaçada
Pendia como um véu de gaze fina
    Da celeste morada,
Quando num mar formoso o sol nascia!

"O mundo era então luz — hoje é só trevas!
O céu de puro azul via tingido,
Via a terra de cores adornada,
E na imensa extensão de água salgada
Via a esteira de luz do sol luzido!

"Breve as horas passei de ser ditoso
Aqui neste lugar, ledo escutando
Tão amável tua mãe, tão carinhosa,
Que instantes curtos me teceu falando!

"Hoje existo somente porque existes,
Desfruto outro viver que não vivia,
Quando escutam tua voz os meus ouvidos,
Como sons de celeste melodia.

"Oh fala, fala sempre. — É doce ao velho
Sons da argentina voz, que as fibras todas
Do frio coração remoça e abala,
Como d'uma harpa antiga
As deslembradas cordas,
Que a mão experta e amiga
Do trovador, n'um canto alegre estala.

"É doce ao solitário a voz de um anjo
    Na sua solidão;
E ao velho pai a voz da casta filha,
    Que fala ao coração.

"É doce, qual perfume matutino,
    Que a flor exala,
Que pelo peito da mulher amante
    Se interna e cala;

"É doce, como a luz que se derrama
    Pela face do mar,
Quando brando luar, da noite amigo,
    Vem nela se espelhar.

"Fala, bem sei que amarga é tua vida,
    Que amargo é teu penar;
No silêncio da noite tenho ouvido
    Teu peito a soluçar!

"Fala, tu bem vês que se a tormenta
    Tétrica voa,
Ao ninho de seus pais o passarinho
    Rápido voa."

* * *

— Oh meu pai, como eu quisera
Meus pesares te esconder,
Mas tua filha, coitada,
Em breve tem de morrer!

— Sinto que o alento me falta,
Que longe foge de mim;
Sinto minha alma rasgar-se
Por te deixar só assim;
Meu bom pai, como está breve
Da tua filha o triste fim!

— Alta noite, ouvi, em sonhos,
A chamar-me um serafim;
Tinha alegria no rosto,
Mas chorava sobre mim;
Meu bom pai, como está breve
Da tua filha o triste fim!

— E tu cá ficas sozinho,
E tu cá ficas sem mim!
Oh que na alma só me pesa
Por te deixar só assim;
Meu bom pai, que é já chegado
Da tua filha o triste fim! —

E o velho, baixo falando,
Tristemente assim dizia:
"Já fui feliz, já fui novo,
Já fui cheio de alegria!

"Eu tive pais extremosos,
Irmãos que me idolatraram,
Eu tive castos amores,
Que antes de mim se acabaram!

"Eu tive tantos no mundo
Quantos se pode chorar;
Perdi todos, tudo; ai, triste,
Só eu não pude acabar!

"Ao sopro da desventura
Só eu me não abalei,
Que a todos — novos e velhos —
À campa todos levei!

"Minha filha me restava!
Eu já fantasma impotente,
Sobre os torrões tropeçava
Da cova aberta recente!

"Anjo de amor e bondade
Porque me deixaste assim!
Tu morta, e na sepultura
Que eu tinha aberto pra mim!

"Deus, Senhor, quanto foi longo
O vaso em que fel traguei,
Findo o julguei; restam fezes,
As fezes esgotarei."

* * *

E sobre a rósea face, ora amarela,
A aurora sempre bela radiava,
E o pai, ancião, que a dor rasgava,
Cingia ao corpo seu o corpo dela.

Nem pranto nos seus olhos borbulhava,
E nem nos lábios seus a dor gemia,
E sua alma, qual vaso em calmaria,
Entre vida e morrer imorta arfava!

O beijo paternal, por fim, lhe estampa
Na filha, que prazeres só lhe dera;
E filha e pensamento — alguém dissera
Ter juntos sepultado a mesma campa!

Nos céus não tens, Senhor, bastantes anjos,
Por que os venhas assim buscar à terra?
Brilhe a virtude, quando reina o crime,
O crime impune e vil, que às tontas erra.

AS FLORES

Ao Sr. José Praxedes Pereira Pacheco, incansável botânico-
-florista, a quem devemos a introdução no país das mais belas
e curiosas espécies de flores, que jamais aqui se viram.

Simples tributs du coeur, vos dons sont chaque jour
Offerts par l'amitié, hasardés par l'amour.

Les Jardins. — DELILLE.

Tu que com tanto afã, com tanto custo,
Estudando, inquirindo e meditando,
De estranhos climas transplantaste aos nossos
As flores várias no matiz, nas formas,
Modesto horticultor, dos teus desvelos
Este só galardão recebe ao menos!
Recebe-o: também eu gosto das flores,
Folgo também de as ver num campo estreito
De estranhas terras, revelando os mimos
E as galas de outros céus: — aqui perfumam
Nossos jardins de peregrina essência!
Melhoram-se talvez, que as não contristam
Raios tíbios do sol, nem turvos ares,
Nem do inverno o furor lhes cresta o brilho.

Meigas flores gentis, quem vos não ama?
Em vós inspirações o bardo encontra,
Devaneios de amor a ingênua virgem,
A abelha o mel, a humanidade encantos,
Odores, nutrição, bálsamo e cores.
Meigas flores gentis, quem vos não ama?

Linda virgem no albor da vida incerta,
No meio das viváces companheiras,
Em forma de capela as vai tecendo
Para cingir com ela a fronte e a coma,
Que os anos no passar não enrugarão,
Nem as cãs da velhice embranquecerão.
Resplendor d'inocência, onde casados
A açucena, e os jasmins aos brancos lírios
Um só perfume grato aos céus envia;
Meiga coroa d'angélica pureza,
Ornamento da vida — que se rompe
Ou quando os membros delicados vestem
O grosseiro burel da penitência,
Ou do noivado as galas! — lá se acaba,
Por fim aos pés do tálamo ou num túmulo!
Meigas flores gentis, quem vos não ama?

Quantas vezes, nas horas da ventura,
A falaz sensação de um peito ingrato
Não julgamos eterna, imensa, infinda!
Ali nossos anelos se concentram,
Nossa vida ali jaz: — cifra-se inteira
Num brando volver d'olhos, num acento,
Que a ternura repassa, inspira, exala!
Um gemido, um suspiro, um ai, um gesto,
Valem tronos e mais, — o mundo e a vida!
Mas esvai-se a paixão!.... que fica? Apenas
Um saudoso lembrar de eras passadas,
De cismadas venturas não fruídas,
Às vezes uma flor!.... — Flor dos amores,
Quando extinta a paixão, porque ainda existes?
Espinhos de uma rosa emurchecida
Porque sobreviveis às folhas dela?
Mais firme, mais leal, mais vivedoura
Que a volúvel paixão, a flor mimosa
Talvez irrita a dor, talvez a acalma.

Emblemas do prazer, do sofrimento,
Mensageiras do amor ou da saudade,
Meigas flores gentis, quem vos não ama?

 Geme a fresca odalisca entre ferrolhos,
Importuna presença a voz lhe tolhe
Do não piedoso eunuco; — a estátua negra
Respeitosa e cruel lhe espreita os gestos:
Chora a guzla mourisca ao som dos ferros,
Lastima-se a cadeia ao som dos passos,
E a humana flor definha entre outras flores;
Mil ouvidos a voz lhe escutam sempre,
E cingidos de ferro, crus soldados
De entorno ao mesto harém velam, sanhudos!
Ruge, fero sultão! — triplica os bronzes
Da masmorra cruel: — a planta humilde,
A escrava que recatas tão cioso,
Zomba dos feros teus! Muda e singela
Ao través das prisões, dos teus soldados,
Passa a modesta flor! Vai noutro peito,
Mistérios não sabidos relatando,
Contar do infausto amor as provas duras,
Os martírios da ausência, as tristes lágrimas
Que chora — ao reiterar protestos novos!
Bem-fadadas do sol, do amor benquistas,
O orvalho as cria, as lágrimas as murcham:
Meigas flores gentis quem vos não ama?

 Quem tem o coração a amar propenso,
Quem sente a interna voz que dentro fala,
Delicado sentir de um brando peito,
Alma virgem que os homens não mancharam,
Quem sofre ou tem prazer, ou ama, ou espera
E vive e sente a vida, esse vos ama:
Encantos da existência enquanto vivos,
Do revés, do triunfo companheiras,

No berço, no dossel, no mudo esquife,
Sempre amigas fiéis vos encontramos.
Meigas flores gentis, quem vos não ama?

    Modesto horticultor, dos teus desvelos
Este só galardão recebe ao menos;
Paga-te sequer de ver mais bela,
Mais vaidosa, melhor, do sol na terra
A flor modesta, produção sublime
De estranhos climas transplantada ao nosso.

Rio, 29 de janeiro de 1849.

O QUE MAIS DÓI NA VIDA

I cannot but remember such things were,
*And were most dear to me.**

Shakespeare

1   O que mais dói na vida não é ver-se
      Mal pago um benefício,
    Nem ouvir dura voz dos que nos devem
      Agradecidos votos,
5   Nem ter as mãos mordidas pelo ingrato
      Que as devera beijar!

    Não! O que mais dói não é do mundo
      A sangrenta calúnia,
    Nem ver como se infama a ação mais nobre,
10   Os motivos mais justos,
    Nem como se deslustra o melhor feito,
      A mais alta façanha!

    Não! O que mais dói não é sentir-se
      As mãos dum ente amado
15   Nos espasmos da morte resfriadas,
      E os olhos que se turvam,
    E os membros que entorpecem pouco a pouco,
      E o rosto que descora!
    Não! Não é ouvir daqueles lábios,
20   Doces, tristes, compassivas,
    Sobre o funéreo leito soluçadas
      As palavras amigas,

---

* Não posso senão lembrar que tais coisas existiram e que me foram muito caras.

           Que tanto custa ouvir, que lembram tanto,
           Que não se esquecem nunca!

25   Não! Não são as queixas amargadas
               No triunfar da morte;
           Que, se se apaga a luz da vida escassa,
               Mais viva a luz rutila;
           Luz da fé que não morre, luz que espanca
30   As trevas do sepulcro.

           O que dói, mas de dor que não tem cura,
               O que aflige, o que mata,
           Mas de aflição cruel, de morte amara,
               É morrermos em vida
35   No peito da mulher que idolatramos,
               No coração do amigo!

           Amizade e amor! — laço de flores,
               Que prende um breve instante
           O ligeiro batel à curva margem
40   Da terra hospitaleira;
           Com tanto amor se enastra, e tão depressa,
               E tão fácil se rompe!

           À mais ligeira ondulação dos mares,
               Ao mais ligeiro sopro
45   Da viração — destrançam-se as grinaldas,
               O baixel se afasta,
           Veleja, foge, até que em plaga estranha
               Naufragado soçobre!

           Talvez permite Deus que tão depressa
50   Estes laços se rompam,
           Por que nos pese o mundo, e os seus enganos
               Mais sem custo deixemos:
           Sem custo assim a brisa arrasta a planta,
               Que jaz solta na terra!

FLOR DE BELEZA

Não vejas!... se a vires... — Eu sei porque o digo:
Tu morres de amor.

Macedo.

Se fosse rainha aquela
Em cuja fronte singela,
Como em tela delicada
Luz da beleza o condão,
Foras rainha adorada;
Mas rainha sedutora,
Que exige preitos numa hora,
E noutra hora adoração.

Foras rainha! E ditosos
Teus vassalos extremosos,
Que ao renderem-te seus preitos
Beijar-te-ão a nívea mão.
Pedes amor e respeitos!
Quem não ama a formosura,
Quem não respeita a candura
D'um sincero coração?

Mas antes que nos curvemos
Ante a beleza que vemos,
Tua angélica bondade
Conquista a nossa afeição:
Não és mulher, mas deidade,
Uma fada sedutora,

Que nos pede amor agora,
Logo mais — adoração.

Quando pois, cheia de graças,
Entre a turba alegre passas,
Entre a turba sequiosa
De beijar-te a nívea mão;
Dizem uns: quanto é formosa!
Eu porém, sei que és mais bela
Nos dotes da alma singela,
Nas prendas do coração.

Passa rápida a beleza,
Como flor que a natureza
Cria em jardim melindroso,
Ou num agreste torrão:
Passa como um som queixoso,
Como felizes instantes,
Como as juras dos amantes,
Como extremos da paixão.

Mas d'alma a vida é mais fina,
Exala essência divina,
Que avigora e fortifica
O dorido coração;
Morto o corpo, ainda fica,
Como em rosal arrancado,
Leve aroma derramado
Dos espaços na extensão.

O ANJO DA HARMONIA

> Respira tanta doçura
> O teu canto, que por certo
> Abranda a penha mais dura.
>
> *Bocage.*

Revela tanto amor, tão branda soa
A tua doce voz canora e pura,
Que o homem de a escutar sente no peito
Infiltrar-se-lhe um raio de ventura.

Solta-se a alma das prisões terrenas,
O mundo, a vida, o sofrimento esquece,
E embalada num éter deleitoso,
Como Alcyon nas águas, adormece!

Da noite a placidez é menos grata
A quem sozinho e taciturno vela,
Quando, perdido noutros mundos, nota
A meiga luz de fugitiva estrela.

Sensações menos doces, menos vagas,
Desperta o barco leve, que se avista
Ao pôr do sol, na extrema do horizonte,
Quando num mar de luz nos foge à vista.

Das aves o cantar é menos fresco,
É menos triste a fonte que serpeia,
Menos queixoso o mar, que enternecido,
Beija na praia a cintilante areia.

Vagas na terra, suspiroso arcanjo,
Derramando torrentes de harmonia
Sobre as chagas mortais, — bálsamo santo
Que as mais profundas mágoas alivia.

Vagas na terra, merencória e bela;
Mas quando deste mundo ao céu tornares,
Juntarás teus terníssimos acentos
Aos puros sons dos místicos altares.

E os anjos na mansão das harmonias,
Encostados nas harpas diamantinas,
Folgarão de te ouvir celestes carmes,
Deduzidos em notas peregrinas.

E dirão: — Nunca às plagas do infinito
Subiu mais terna voz, mais fresca e pura!
Se o corpo é de mulher, sua alma é vaso,
Onde o incenso de Deus se afina e apura.

A HISTÓRIA

The flow and ebb of each recurring age.

                              Byron.

Triste lição da experiência deixam
Os evos no passar, e os mesmos atos
Renovados sem fim por muitos povos
Sob nomes diversos se encadeiam:
Aqui, além, agora ou no passado,
Amor, dedicação, virtude e glória,
Baixeza, crime, infâmia se repetem,
Quer gravados no soco de uma estátua,
Quer em vil pelourinho memorados.
Eis a história! — rainha veneranda,
Trajando agora sedas e veludos,
Depois vestindo um saco desprezível,
De imunda cinza, apolvilhada a fronte.

Se as virtudes do pobre não têm preço,
Também dos vícios seus a nódoa exígua
Não conspurca as nações; mas ai dos grandes,
Que trilham senda errada, a cujo termo
Se levanta a barreira do sepulcro,
Onde se quebra a adulação sem força.
Se virtuoso, as gerações passando
As cinzas lhe beijarão; se malvado
Cospem-lhe afrontas na vaidosa campa,
Jamais de amigas lágrimas molhada.
E qual do Egito nos festins funéreos,

Maldizem bons e maus sua memória,
Lançando à face da real múmia
Dos crimes seus a lacrimosa história.
Talvez, porém, um infortúnio grande,
Um exemplo sublime de virtude
Cobre dourada página, que aos olhos
Pranto consolador do peito arranca.

Eis a história! — um espelho do passado,
Folhas do livro eterno desdobradas
Aos olhos dos mortais; — aqui, sem mancha,
Além golfeja sangue e sua crimes.
Tal foi, tal é: retrato desbotado,
Onde se mira a geração que passa,
Sem cor, sem vida, — e ao mesmo tempo espelho,
Que há de ser nova cópia à gente nova,
Como os anos aos anos se sucedem.
Ondas de mar sereno ou tormentoso,
As mesmas na aparência, que se quebram
Sobre as da areia flutuantes praias.

A CONCHA E A VIRGEM

Linda concha que passava
Boiando por sobre o mar
Junto a uma rocha, onde estava
Triste donzela a pensar;

Perguntou-lhe: — Virgem bela,
Que fazes no teu cismar?
— E tu, pergunta a donzela,
Que fazes no teu vagar?

Responde a concha: — Formada
Por estas águas do mar,
Sou pelas águas levada,
Nem sei onde vou parar!
Responde a virgem sentida,
Que estava triste a pensar:
— Eu também vago na vida,
Como tu vagas no mar!

— Vais d'uma a outra das vagas,
Eu dum a outro cismar;
Tu indolente divagas,
Eu sofro triste a cantar.

—Vais onde te leva a sorte,
Eu, onde me leva Deus:
Buscas a vida, — eu a morte;
Buscas a terra, — eu os céus!

ANÁLIA — POEMETO

Canto I

> A vida do homem com todos os seus
> projetos se eleva como uma torre cuja
> coroa é a morte.
>
> S. Pierre.

Noite propícia aos tímidos amantes,
Consolação dos tristes que suspiram,
Que não podem sofrer do sol os raios,
Esse manto de estrelas não recolhas,
Que os olhos chama aos céus, e a Deus a mente
E em plácido remanso a dor abranda
De quem maior alívio não procura
Que sentir sempre aberta a chaga antiga.
Noite não era já, não era dia;
Porém a fresca, matutina brisa

Começava a correr, prenhe de aromas,
Por entre as verdes folhas dos olmeiros,
Como o suspiro que remata o sono
De uma virgem que dorme. Dentre as ramas
Em desafio as aves entornavam
As notas várias do seu hino eterno,
A cujos sons a natureza acorda
E o coração se alegra: da neblina
Os densos rolos — dos profundos vales
E dos cimos erguidos — procuravam,
Atraídos do sol, mais alta esfera!

Anália, oh bela filha dos amores,
Por que tremes assim? Por que te encobres?
Por que essa palidez? Esse agitado
Pulsar do seio, esses modestos olhos,
Perlustrando em redor até onde alcançam?
Ninguém te espreita ou vê; ninguém te segue
Sob o avito solar descansam todos,
Teu nobre e velho pai te crê dormida!
E tu do leito virginal te ergueste,
Quando a noturna lâmpada brilhava
Incerta, frouxa luz nas brancas telas,
Como nos brancos muros de um mosteiro
Estampa a lua os pálidos reflexos.

Anália! Oculta voz entre suspiros
Duvidosa murmura: volta o rosto
A donzela gentil, descora, treme,
Vacila, cai nos braços de um mancebo,
Qual palha sobre o alambre, ou como fibra
De magnética força comovida!
Não tem voz, não tem cor, — pálida rosa
Semelha num jardim cortada a pouco!

Quem pudesse acabar entre os delíquios
De um puro e doce amor! — fazer pedaços
Desta vida misérrima as cadeias,
Morrer primeiro que se esgote a fonte
D'uma ilusão dourada, — e entre suspiros,
Entre as notas de um ai mal rematado,
Chegar de Deus ao trono, como um canto,
Que a brisa leva ao céu entre perfumes!

Mal distintas palavras murmurarão:
Não voz, porém acentos mal formados,
Quase grito e rugidos, que passarão
De um peito a outro sem roçar nos lábios;

Frases do coração que ao destacar-se
Levarão após si o melhor dele.
Aquela tempestade enfim se amaina,
Já menos fortes sensações tão vivas
Podem termos achar com que se exprimam.

"Não sentes, doce bem, quanto é penoso
Lutar em vão com a sorte? — quanto punge
O prazer que fruir nos fora dado,
E não fruído se converte em penas!
Pensar que a minha vida, a sós contigo,
Decorrera feliz, tranquila e pura!
Sentir que este desejo assim nutrido
Há de esvair-se, e não mui tarde, um dia,
Como ao romper do sol se esvai a sombra!
É vida de martírios que enlouquecem,
Da ansiedade, que mata! — Oh muito amada,
Luz desta alma, que a dor me vai gastando,
Como viver sem ti num ermo triste,
Sem que te escute a voz, sem que os teus olhos
Me falem da tua alma a cada instante?
Nunca te vira, nem me viras nunca,
Menos agra talvez nos fosse a vida.

Com voz que os seios d'alma penetrava
Respondia a donzela. — O fado às vezes
Cansa de ser cruel! — Quem sabe? — Um dia
Este pesar será, que ora passamos,
Grato de ser lembrado: espera ainda. —
— Espero, — oh! Ainda espero; mas a esperança
Ao passo que meus dias se devolvem,
De tanto se alongar me vai fugindo,
Rico e nobre é teu pai: seus feitos voam
De boca em boca — em longa série ilustre,
Não denegrida, não cortada: o orgulho
De rico e de infanção, que tanto o exalta,
Ergueu alta barreira entre nós ambos.

"Que importa! O nosso amor é mais valente:
Iremos ambos a seus pés lançar-nos,
Dizer que a nossa vida pende agora
Do nosso amor. — Há de escutar-me afável,
A mim que mais que a vida estima e preza,
Último alívio dos seus curtos dias."

Eis nisto sobrevém o pai turbado,
A quem roaz suspeita rouba o sono;
Mal vê o arrojo do mancebo, e a filha,
Que mancha os seus brasões, prorrompe irado:

"Mal haja o vil, o sedutor corrupto,
Que tantos anos de honradez deslustra,
Cobrindo a virgem de vergonha; e ao velho
D'o próbrio e negra infâmia!" Assim dizendo,

Leva a trêmula mão da clara espada.
Lampeja o aço aos olhos do mancebo,
Que sobre o peito inerme cruza os braços,
E não descora, nem recua: a virgem,
Que um amável terror empalidece,
Cobrindo com seu corpo o corpo dele,
Não teme a folha trêmula, que oscila
Na mão que os muitos anos já cansaram.
A vida oferece a quem lhe dera a vida,
Que a amava tanto! — Seu amor confessa,
Finezas dele, que a vencera amando,
Extremos de ambos que viver não podem,
Não sabem, desunidos. Rude o velho
Medita e cisma, e conhecer intenta
O amor do jovem; quer talvez prová-lo,
Talvez do estranho arrojo quer puni-lo.
Ergue-se perto um monte de granito
Altivo, colossal, — no cimo erguido,
Nenhuma flor brotou, nenhum arbusto

Prestou-lhe grata sombra, onde asilado,
Canoro rouxinol soltasse o canto.
Com gesto brusco e breve o mostra ao jovem,
E diz-lhe em voz, donde o furor transpira!
"Se deste monte o pincaro vingares,
Tendo nos braços a mulher que adoras,
Sem que descanses.... — Se o vingar?... É tua;
Mas ai de ti, ai dela, se esmoreces,
Se a oferta iludes, se tua alma fraca
Aos teus desejos inferior se mostra!.... —

É tua! — Estas palavras no mancebo
Coaram grato enleio; — gota amiga
D'orvalho no Sahrá, clarão nas trevas,
Brando calor nos polos. — Minha! Minha!
Como louco bradava, e nos seus braços
Tomou, correndo, a virgem delicada!

Canto II

Oh! que ditoso par! Os corpos de ambos,
Que o amor ligara, estreitamente unidos,
Lá vão, como um só vulto, indivisíveis.
Prende o mancebo nos nervosos braços
O leve corpo dela, doce, ebúrneo,
Elástico e tão meigo!... Oh! Que não possa
Linguagem do homem retratar ao vivo
O arroubo estreme, os êxtases divinos,
De quando a vez primeira, entre delíquios,
Unimos contra o peito, arfando ardente,

Uns peitos que se elevam, que se abatem,
Que suspiram por nós! — Os olhos de ambos
Cintilavam de amor! Hálito ardente
Crestava os lábios de ambos, derramando

Mais do que vida, do que amor, nas faces
Que em vivo fogo ardiam. Amorosa,
Por que mais leve se tornasse, a virgem,
Lançando ao colo dele os níveos braços,
Meia suspensa lhe dizia:

     "Amado,
Não tenhas nímio ardor; sê mais prudente,
Calcula os passos, mede-os; ouço as pedras
Rolar-te sob os pés: mais vagaroso
Caminha; — a queda é morte, o afã, a pressa
Quebra o arrojo, enfraquece: — alcantilado
É deste monte o cume, — falta muito,
E do rosto o suor te corre em fios."

 — Não sabes! Por te amar daria a vida
Até a gota extrema, que em meu peito,
Que ainda em meu coração girar sentisse;
E quando a própria vida me faltara,
Minha alma, e o que me espera além da morte,
Daria por te amar.— É fraca a prova
De sofrer doce peso algumas horas
Por viver em delícias longos anos.

Anima-se, prossegue mais brioso,
Sorvendo sob os pés a senda ingrata.
Imensa multidão, a quem tal caso
Ali reúne, e tem como suspensa,
Aplaude entusiasta, brada, clama,
Da base da montanha.... — infindos rogos
Eleva, exalta ao céu: — Coragem! grita;
Gentil mancebo, alento! — Fraca, incerta,
Chegava ao par amante a voz ruidosa.
O mancebo feliz todo se embebe
No futuro gozar dos seus amores.
Bagas e bagas de suor cresciam

Na fronte afogueada: o rosto aceso
Ao desejado fim dos seus trabalhos
Volvia: a casta virgem, desprendendo
A loura trança, aveludada e longa,
Tentou limpar-lhe o rosto: mal sentira
A fragrância, o contato, o sangue em ondas
Correu-lhe ao coração, — a cor das faces
Sumiu-se de relance. — Sofres! sofres!
Inquieta a virgem perguntava. O triste
Começou de correr com novo alento.
"A trança, a loura trança me eletriza,
Requeima o sangue e a pele, inflama e cega!
Querida, amada, mais que tudo amada,
Luz da minha alma, norte meu, feitiço
Desta existência, que sem ti é morte,
Oh! Não queiras, por Deus, tirar-me as forças!"

Bradava assim, correndo; já mais fraco,
Ainda mais fraco sente-se, — caminha,
— Ouves? — A bela virgem lhe dizia:
— Quando assentares que vencer não podes
Esta íngreme costeira, não mo digas;
Porém ao fundo abismo negrejante,
Que a nossos pés terrífico se cava,
Leva-me, por Deus, presa em teus braços,
E esta vida contigo ali se acabe. —

"Que falas em morrer, tão nova ainda!
Soluçava o mancebo! Oh! Não, mais dias
Nos restam, mais felizes, — outros anos,
Outros tempos de amor, que estes não sejam."

Já se apressa, já corre! — O povo amigo
— Coragem! Com mais força lhe gritava.
Açodado correu por longo espaço,
Salvando da áspera senda as pedras soltas;

Porém, do afã, por fim, quase vencido,
Com voz, louca de amor, bradava o triste:

"Oh! Como é doce este romper da aurora!
A brisa da manhã, como é suave!
Seca-me as bagas de suor do rosto,
Umedece-me os lábios resequidos,
E outra vida melhor me influi no peito."

E após instantes, prosseguiu, mais baixo:
"Quebrou-me este lutar com a sorte ingrata,
Quase vencido arquejo, os membros lassos
Movo a custo, arrastados; mas espero....
Oh! Ainda espero de chamar-te minha,
De haver-te em prêmio deste afã penoso!"

Volvendo ao cimo da montanha os olhos,
Murmurava a donzela: Oh! Deus, tão alta!

— Bem alta, sim, porém vingá-la é força:
O amor é forte e compassivo; os brios,
De que preciso, m'os dará; mas dize,
Dize-me tu que serás minha, tudo
Que eu perderei, que eu lucrarei contigo,
E certo vencerei; — dize-me as doces,
Meigas frases de amor com que eu soía
Esquecer-me da vida agra e pesada,
Que hei passado sem ti; que em te escutando
Esta fadiga esquecerei, lembrado
Do que me resta de prazer, de enlevos,
D'almas venturas a fruir ditoso.
Assim, assim; crava nos meus teus olhos,
Teus lindos olhos de um azul tão puro,
Como a cerúlea cor do céu, das ondas,
Por noite estiva e bela. Da tua alma
Leio neles a tímida esperança,

E como eles espero. — Um beijo, um beijo!...
Esse macio dos teus lábios causam
Frenesi que transporta, que enlouquece!
Guarda-os por ora, — eles sufocam, roubam
O alento, a razão, — como um cautério
De fogo, inflamam, — o ardor, a vida,
Que prestam — são delírio, raiva insana,
E nutrem como a febre.

    Eis que o mancebo
Os passos multiplica nessa estrada,
Que mais se estreita, empina e cresce.
Enfim desapareceu! Não toda, resta
Curta distância, que vencer é fácil;
Fácil, mas a membros não cansados,
Não exauridos de vigor, em luta
Perigosa e vital. — Meu Deus, não posso!
Murmurava entre si, a medo, e quase
Reflexo interior do pensamento.

— Um passo mais: bradava-lhe a donzela,
Em ânsias de transido desespero.
Hesitas! Desfaleces! Pois morramos!
Plácido asilo a campa nos oferece,
Da morte o estreito umbral passemos juntos.

Frequentes sons, agudos, nos ouvidos
Sente o mancebo, — transtornado o rosto,
Mal firme sobre os pés, semelha o tronco
Nutante, cerceado, que procura
O cimo undoso equilibrar nos ares.
Nada ouviu, nada viu, — nem mesmo o pranto,
O adeus extremo soluçado à vida
Risonha e bela e súbito cortada,
Quase ao romper da aurora. O pranto ardente
Caiu no peito do mancebo: — Choras! tu choras!

Tenho os olhos vendados, mas sentido
Hei sobre o peito um requeimar de fogo:
Choras, tu choras!

   Delirante o moço
De um pulo ardido vinga o resto infando
Da senda malfadada: És minha! és minha! —
Clama em delírio, mas a morte o colhe,
E dentre os braços da que amava, o arranca!
Caiu gemendo; a mísera donzela,
Oh! Vinde! — Socorrei-me! — Repetia,
Oh! Vinde, que ele expira — A turba entanto
Enchia os ares de aplaudir ruidoso.
Socorrei-me! Bradava, enlouquecida.
Bradava a turba: — A noiva, a bela noiva!
Oh! como os cabelos esparzidos
Com resplendor do sol pleiteiam brilho?!
É bela, ardido o noivo, ambos felizes! —

Lindas capelas de mimosas flores
Fabricavam no entanto — um padre chamam,
Porque em laço de amor juntasse a ambos;
Mas as capelas definharam tristes
Em lutuoso esquife, — a mesma campa
Sorveu — leito nefasto — os dois amantes!

Somente o velho pai do nobre orgulho
No enterro filial o arranco extremo
Soltar medita, transformado em pompa.
Não querendo feliz a filha em vida,
Ao menos quer no mármore brunido
Mostrar poder, nobreza, e o esquartelado
Lutuoso brasão em campo negro.

SEI AMAR

Amor amore.*

Provérbios

1 Sei amar com paixão ardente e fida,
   Como o nauta ama a terra, como o cego
   A luz do sol, como o ditoso a vida.

   Sim, sei amar; porém do imenso pego
5 Duma existência mísera e cansada,
   Quero uma hora, um instante de sossego.

   Dera a vida a uma alma apaixonada,
   A um peito de mulher que me entendesse,
   Onde eu pousasse a fronte acabrunhada.

10 Porém, que fosse minha! E que eu soubesse
   Que os lábios que beijei são meus somente,
   Nem pensa em outro, nem de mim se esquece.

   Nem vai de pronto derramar demente
   Noutros ouvidos a palavra, o acento,
15 Que em êxtase de amor criei fervente.

   Nem corre o seu volátil pensamento,
   Quando falo, a pensar noutros amores,
   Noutra voz, noutros sons, noutro momento.

   Demais, acostumado a teus rigores,
20 Não me queixo, bem vês, mas despedaço
   A prisão vil, embora oculta em flores.

---

* O amor pelo amor.

Se entro furtivo, onde outro mais de espaço
Como senhor campeia — ao mais querido
Cedo o ingresso, ao mais ditoso o passo.

25   Não me contenta um coração partido,
Um só amor que a dois pertence, — um peito,
Que bate por dois homens, fementido.
Se eu único não sou, — vil, não aceito
Ser segundo em amor, — inteiro é nobre,
30   Vale um trono; — partido, é dom tão pobre,
Que eu pobre, como sou, de altivo enjeito.

AMANHÃ

Amanhã! — é o sol que desponta,
É a aurora de róseo fulgor,
É a pomba que passa e que estampa
Leve sombra de um lago na flor.

Amanhã! — é a folha orvalhada,
É a rola a carpir-se com dor,
E da brisa o suspiro,— é das aves
Ledo canto, — é da fonte o frescor.

Amanhã! — são acasos da sorte;
O queixume, o prazer, o amor,
O triunfo que a vida nos doura,
Ou a morte de baço palor.

Amanhã! — é o vento que ruge,
A procela d'horrendo fragor,
É a vida no peito mirrada,
Mal soltando um alento de dor.

Amanhã! — é a folha pendida,
É a fonte sem meigo frescor,
São as aves sem canto, são bosques
Já sem folhas, e o sol sem calor.

Amanhã! — são acasos da sorte!
É a vida no seu amargor,
Amanhã! — o triunfo, ou a morte;
Amanhã! — o prazer, ou a dor!

Amanhã! — que te importa se existes?
Folga e ri de prazer e de amor;
Hoje o dia nos cabe e nos toca,
De amanhã Deus somente é Senhor!

POR UM AI

Se me queres ver rendido,
De joelhos, a teus pés,
Por um olhar que me lances,
Por um só ai que me dês;

Se queres ver o meu peito
Rugindo como um vulcão,
Estourar, arder em chamas,
Ferver de amor e paixão;

Se me queres ver sujeito,
Curvado e preso à tua lei,
Mais humilde que um escravo,
Mais orgulhoso que um rei;

Meus olhos sobre os teus olhos,
Meu coração a teus pés;
Por um olhar que me lances,
Por um só ai que me dês:

Veja eu sobre os teus lábios
Esta só palavra — amor! —
Estrela cortando os ares,
Abelha sobre uma flor.

Então verás dos meus olhos,
Que o pesar me não cegou,
Rebentarem de alegria
Prantos, que a dor estancou;

Então verás o meu peito
Como outra vez se incendeia;
Era a folha verde e fresca,
Onde o sol se refletia!

Murcha e triste pende agora;
Caiu, jaz solta, está só:
Exposta ao fogo, arde em chamas,
— Deixai-a, desfaz-se em pó!

Hei de sentir outra vida,
Outra vez meu coração
Escutarei palpitando
De amor, de fogo e paixão.

Lascado tronco sem graça
Tal fui, tal me vês agora!
Mas venha o orvalho celeste,
Venha o bafejo da aurora;

Venha um raio de alegria
Dar-lhe às raízes calor;
Revive de novo, e brota
Folhas, galhos e verdor.

Do cimo erguido e copado
Outra vez se dependuram
Mil flores, — ali mil aves
Nos seus gorgeios se apuram.

Não quero palavras falsas,
Não quero um olhar que minta,
Nem um suspiro fingido,
Nem voz que o peito não sinta.

Basta-me um gesto, um aceno
Uma só prova, — e verás
Minha alma, presa em teus lábios,
Como de amor se desfaz!

Ver-me-ás rendido e sujeito,
Cativo e preso à tua lei,
Mais humilde que um escravo,
Mais orgulhoso que um rei!

PROTESTO

Imitação de uma poesia Javanesa.

Ainda quando os homens te odiassem,
E anátema contra ti gritasse o mundo,
Por ti sentiria amor, te amaria sempre,
    Te amaria eternamente.

Este afeto jamais há de alterar-se;
Embora gêmeos soezes ardam no espaço,
Ou gêmeas noites, em cegueira eterna,
Me roubem o prazer de ver teus olhos.

Entranha-te na terra, hei de afundar-me;
Passa ao través do fogo, irei contigo;
Aos céus remonta, hei de seguir-te sempre,
    Ver-me-ás sempre a teu lado.

De ti não pôde a força desprender-me,
Nem separar-me o fado. Em ti só vivo;
E quem dos dias teus souber o termo,
Que a vida me deixou também conheça.

Quando nas asas da esperança corro,
Onde me acenas, onde amor me aguarda,
Parece-me que voo aos ledos campos,
    Onde a esperança mora.

Não há que possa comparar-se aos êxtases,
Que tanto ao vivo meu amor revelam;
Um gesto, um som dos lábios teus mimosos
Mil vezes na minha alma se repete.

Quer irritada contra mim te mostres,
Quer do teu seio irosa me repilas,
Teu rosto na minha alma se retrata,
  E eu te amo sempre!

Quer durma, quer descanse, ou vele ou sofra,
Em tudo quanto sinto, em quanto vejo,
Risonha tua imagem me aparece,
E eu julgo sempre que te falo e escuto.

Seja eu longe da pátria infindas léguas,
A distância de um mundo entre nós corra,
Enquanto além divago, preso fica
  Meu coração contigo.

Se pois souberes que os meus dias findam,
Não creias que o destino inexorável
Me os corta — antes me tem, antes me julga
  Morto por ti de amores!

CAXIAS

Ao aniversário da sua Independência.

1 de Agosto

Caxias, bela flor, lírio dos vales,
Gentil senhora de mimosos campos,
Como por tantos anos foste escrava,
Como a indócil cerviz curvaste ao jugo?
Oh! Como longos anos insofríveis,
Rainha altiva, destoucada e bela,
Rojaste aos pés de um régulo soberbo?
À míngua definhaste em negro câncer,
Onde um raio de sol não penetrava;
Em masmorra cruel, donde não vias
Cintilar o clarão d'amiga estrela...

Oh! Não, que a luz da esperança tinhas n'alma,
E o sol da liberdade um dia viste,
De glória e de fulgor resplandecente,
Em céu sem nuvens no horizonte erguido.

Eis o som do tambor atroa os vales,
O clangor da trombeta, os sons das armas,
A terra abalam, despertando os ecos.
— Eia! Oh bravos, erguei-vos, — à peleja,
À fome, à sede, às privações, — erguei-vos!
Tu, Caxias, acorda, — tu, rainha,
Lâmina de aço puro, envolta em ferro,
Ao sol refulgirás; — flor que esmoreces,
À míngua de ar, em cárcere de vidro,
Em ar mais livre cobrarás alento,
Graça, vida e frescor da liberdade.

Antemural do lusitano arrojo,
Último abrigo seu, — feros soldados,
Veteranas cortes nos teus montes
Cavam bélicas tendas! — Um guerreiro,
O nobre Fidié, que a antiga espada
Do valor português empunha ardido,
No seu mando as retém: debalde, oh forte,
Expões teus dias! Teu esforço inútil
Não susta o sol no rápido declive,
Que imerge aquém dos Andes orgulhosos
Da África e da Ásia os desbotados louros!

Eia! — O brônzeo canhão rouqueja, estoura,
Ribomba o férreo som de um eco em outro,
Nuvens de fumo e pó lá se condensam...
Correi, bravos, correi!... Mas tu és livre,
És livre como o arbusto dos teus prados,
Livre como o condor que aos céus se arroja;
És livre! — Mas na acesa fantasia
Debuxava-me o espírito exaltado
Fráguas cruas de morte, o horror da guerra
Descobrir, contemplar. — Oh! Fora belo
Arriscar a existência em pró da pátria,
Regar de rubro sangue o pátrio solo,
E sangue e vida abandonar por ela.

Longe, delírios vãos, longe fantasmas
De ardor febricitante!
À glória deste dia comparar-se
Pôde acaso visão, delírio, ou sonho?
Ao fausto aniversário
Da nossa independência?
Aclamações altíssonas
Corram nos ares da imortal Caxias:
Seja padrão de glória entre nós outros
Santificada aurora,
Que os vis grilhões de escravos viu partidos.

O ASSASSINO

> *Pero una sola lagrima, um gemido*
> *Sobre sus restos a ofrecer no van,*
> *Que es sudario d'infames el olvido...*
> *Bien con su nombre en su sepulcro estan!*
>
> Zorrilla.

Ei-lo! Seu rosto pálido se encova;
Incerto, mais que os voos de um morcego,
Seu andar, ora lento, ora apressado,
Profunda agitação revela aos olhos.

Crespos os cenhos, enrugada a fronte,
Semelha luz de tocha mortuária
A luz que os olhos seus despedem torvos.
Momentos há em que o seu rosto fero
De tal arte se enruga e se transtorna,
Que os seus próprios amigos o fugiram
E temeu sua mãe de o unir ao seio.
Quando os lábios descerra, só murmura
Frases, cujo sentido não se alcança,
Ou blasfêmias a Deus, que o sofre em vida!
O que amou n'outro tempo, agora odeia;
Despreza o que estimou, evita, foge
Quanto afanoso procurava outrora:
Receia a luz do sol, o véu da noite,
A voz do crime, o grito da inocência!

A cólera de Deus caiu tremenda
Sobre o seu peito, e o coração lhe oprime,
De cuja interna chaga em jorros salta
O sangue e a podridão: horrendo e fero,
A vítima das fúrias do remorso,
Terrível e covarde, e ao mesmo tempo
Rebelde contra a mão, que o vexa e pune,
Enquanto a Deus maldiz, blasfema, irrita,
D'uma voz, d'uma sombra se acovarda.

Não pôde suportar seus pensamentos
A sós consigo, e aborrecendo os homens
De os ver e de os não ver sofre martírios.
Na cidade suspeita esposa, amigos,
A mãe e os filhos; — um terror, um pasmo,
Cuja causa recôndita se ignora,
Na voz, no rosto e gesto o denunciam
Como escravo do crime ou da miséria.

No ermo a própria voz o sobresalta!
O som dos passos, do seu corpo a sombra,
Das fontes o correr por entre as pedras,
Da brisa o suspirar por entre as folhas,
Quanto vê, quanto escuta o intimida.
Minaz lhe brada a natureza inteira,
Soluça um nome que lhe irrisa a coma
E o frio do terror lhe imerge na alma.

O mar nas ondas crespas, que se enrolam,
Batidas pelo açoite da procela
Troveja o mesmo nome; as vagas dizem-no
Quando passam, cuspindo-lhe o semblante;
E Deus, o próprio Deus no espaço o grava
Nos fuzis que os relâmpagos centelham.

Tem medo, quando sonha e quando vela.
Deixando o leito em seu suor banhado,
No silêncio da noite — a horas mortas,
Levanta-se medonho; range os dentes,
Nas mãos convulsas um punhal aperta

E a lâmina buída e os olhos torvos
Agoureiro clarão despedem juntos.
Soltando roucos sons com voz sumida,
Apalpa cauteloso as densas trevas,
E vai... caminha... atende... de repente
Apunhala um fantasma! — Solta um grito,
Larga o punhal convulso e arrepiado!
Num ferrete de sangue lê seu fado,
Um ferrete, que a dor não desfaz nunca,
Nem lava o pranto, nem consome o tempo.

Miserável, provando o fel da morte,
Ante o passo medonho se horroriza,
Odeia o mundo que fugir não pôde,
Rejeita a religião que o não consola,
Odeia e teme a Deus, — teme a justiça
De quem na fronte vil do fratricida
Nódoa eterna gravou do crime infando.

A UNS ANOS

14 — JANEIRO.

No segredo da larva delicada
   A borboleta mora,
Antes que veja a luz, que estenda as asas,
   Que surja fora!

A flor, antes de abrir-se, se recata;
   No botão se resume,
Antes que mostre o colorido esmalte,
   Que espalhe o seu perfume.

E a flor e a borboleta, após a aurora
   Breve — da curta vida,
Encontram as manhãs da primavera
   E a luz do sol querida.

De graças cheia, a delicada virgem
   Da vida no verdor,
Semelha à borboleta melindrosa,
   Semelha à linda flor.

Tudo se alegra e ri em torno dela,
   Tudo respira amor;
Que é a virgem formosa semelhante
   À borboleta e à flor.

Para estas o sol breve se esconde,
   Passam prestes os dias;
Enquanto em cada aurora, em cada ano
   Tu novas graças crias!

FADARIO

Procura o ímã sempre
Do polo a firme estrela,
De viva luz o inseto
Se deixa embelezar;
E a nave contrastada
Dos roncos da procela,
Procura amigo porto,
No qual possa ancorar.

O ímã sou constante,
A nave combatida,
O inseto encandeado
Com fúlgido clarão;
E tu — a minha estrela,
A luz da minha vida,
O porto que me acena
Por entre a cerração.

Assim, por desgostar-me,
Severa no semblante,
No olhar, na voz — debalde
Me oprime o teu rigor;
Se fujo dos teus olhos,
Se mostro-me inconstante,
Na ausência e no desterro
Me vai crescendo o amor!

Assim o inseto volta
À luz que o já queimara,
E o ímã na tormenta
Procura o norte seu;
Assim a nave rota,
Que o vento contrastara,
Entrando o porto, esquece
Que males já sofreu.

Debalde, pois, tua alma,
Que a minha dor enxerga,
Se mostra áspera e dura
A voz do meu penar;
Aquele verde ramo,
Que facilmente verga,
Resiste ao peso, enquanto
Não torna ao seu lugar.

Se, pois, te irrita e cansa
De o ver revel contigo,
Do tronco seu virente
Separa-o de uma vez:
Mais que ele venturoso
Me julgo, se consigo
Morrer vendo os teus olhos,
Cair junto a teus pés.

Mas, inda assim, não creias,
Se finda o meu tormento,
Que nem lembrança minha
Terás de conservar:
A nave, que não toca
No porto a salvamento,
Talvez os rotos mastros
Atira à beira-mar.

Assim, quando jazendo
Me achar na campa fria,
Talvez tenhas remorsos
Da tua ingratidão;
Talvez que por mim sintas
Alguma simpatia,
Que em lágrimas desfeita
Me dês amor então.

QUANDO NAS HORAS

> *And dost thou ask, what secret woe*
> *Ibear, corroding joy and youth?*
> *And wilt thou vainly seek to know*
> *A pang e'en thou must fail to soothe?*
>
> Byron.

I.

Quando nas horas que contigo passo,
Do amor mais casto, do mais doce enlevo,
Sentindo um raio de esperança amiga,
Que as densas trevas da minha alma aclara;

Teus meigos olhos sobre os meus se fitam,
Sorvo o perfume que tua alma exala,
Gozo o sorriso que os teus lábios vertem
E as doces notas que o prazer me entranham;

Tu me perguntas por que um riso amargo,
Fúnebre e triste me descora os lábios;
Por que uma nuvem de pesares grávida
    Tolda o meu rosto;

Por que um suspiro de abafada angústia,
Um ai do peito, que exalar não ouso,
O meigo encanto dos teus sonhos quebra
    Num breve instante!

Raio de amor, que sobre mim resplendes,
Ou sol que bates num profundo abismo,
E a verde-negra superfície tinges
De cor chumbada com reflexos de ouro;

Se vês luzente a superfície amiga,
E à luz que espalhas aclarar-se o abismo,
Sol benfazejo, que te importa as fezes,
Que lá no fundo adormecidas jazem?

Talvez, se a viras, encobrindo os olhos,
De horror fugindo ao temeroso aspecto,
Os brandos lumes, donde amor destilas,
            Breve apagarás.

Não me perguntes porque sofro triste,
Por que da morte o negro espectro invoco,
Por que, cansado desta vida, almejo
            A paz dos túmulos.

Nem ver procures a cratera hiante
Do peito meu, que ainda fumega em cinzas,
Do peito meu, onde cruéis travaram
Pleitos, não crimes, mas paixões que abrasam.

Dá que nas horas que contigo passo
Do amor mais casto e do mais doce enlevo,
Durma o passado e do porvir me esqueça,
E o meu presente de te amar se ameigue.

II.

Se algum suspiro de abafada angústia,
Se um ai do peito que exalar não ouso,
O meigo encanto dos teus sonhos quebra,
            Tu me perdoa.

Cansado e triste de viver sofrendo,
Da morte amiga o negro espectro invoco,
Afiz-me às dores, e só torva imagem
        Me apraz agora.

Talvez na pedra d'um sepulcro frio
Melhor folgara de me ver deitado,
Sentir nos olhos estancado o pranto
E amodorrado o padecer no peito.

Talvez folgara minha sombra triste,
Vagando em torno duma campa lisa,
De ver-te as formas, de escutar teus passos,
E de entender tua oração piedosa.

Talvez folgara, quando pranto amargo
Dos olhos teus me rorejasse a campa,
Dos meigos lábios, onde amor temperas,
        Meu nome ouvindo!

Oh! Sim, folgara de sentir a brisa,
Correndo em torno ao moimento meu,
E tu sozinha no sepulcro humilde,
Guardando os tristes deslumbrados ossos!

Junto ao meu corpo guardarei teu leito,
Onde os teus restos junto aos meus descansem;
E o mesmo sol, e a mesma lua e brisa
        Juntos nos vejam.

E quando o anjo espedaçar as campas
Ao som da trompa de fragor horrendo,
Que há de o letargo despertar dos mortos
        Na vida eterna;

Primeiro em ti se fitarão meus olhos:
Hei de alegrar-me de te ver comigo,
E as nossas almas subirão reunidas
À eterna face do juiz superno.

E deste amor por que ambos nós passamos,
O galardão lhe pediremos ambos,
De unidos na mansão viver dos justos,
Ou nos tormentos da eternal Gehenna!

III.

No entanto a vida suportar já devo,
Sofrer o peso da existência inglória,
E revolvendo o coração chagado,
Nos seus estragos numerar meus dias.

Na terra existo, como um som queixoso,
Um eco surdo, que entre as fragas dorme,
Ou como a fonte, que entre as pedras corre,
Ou como a folha sob os pés calcada.

Uma alma em pena, que procura os restos
Não sepultados, — uma flor que murcha,
D'uma harpa a corda, que por fim rebenta,
   Ou luz que morre.

Prazer não acho de avistar a lua
Pálida e bela na solidão do espaço;
Nem vivos astros, nem perfumes gratos
   Me dão consolo.

Nada percebo nos confusos roncos
Do mar, que bate as solitárias praias;
Nem nos gemidos da frondosa selva,
Que o sopro amigo de uma aragem move.

Conviva infausto d'um festim, que odeio,
Às próprias galas que vaidosa ostenta
A natureza — não se ri minha alma,
Nem de as notar meu coração se alegra.

E sinto o mesmo que sentira o frio,
Mudo cadáver dos festins do Egito,
Se ver pudesse, contemplando o nada
        Das vãs grandezas.

Mas já que os olhos sobre mim pousaste,
Teus meigos olhos, donde o amor lampeja;
Pois que os teus lábios para mim se abriram,
        Teus meigos lábios;

Já que o perfume da tua alma d'anjo
Embalsamou-me o coração de aromas;
Já que os prazeres da eternal morada
De longe, em sonhos, antevi contigo:

Já posso a vida suportar, já devo
Sofrer o peso da existência inútil;
Já do passado e do porvir me esqueço,
E o meu presente de te amar se ameiga.

RETRATAÇÃO

Son reso, non mi difendo;
Puniscimi, se vuoi!

Metastásio.

Perdoa as duras frases que me ouviste:
Vê que inda sangra o coração ferido,
Vê que inda luta moribundo em ânsias
    Entre as garras da morte.

Sim, eu devera moderar meu pranto,
Sofrear minhas iras vingativas,
Deixar que as minhas lágrimas corressem
    Dentro do peito em chaga.

Sim, eu devera confranger meus lábios,
Mordê-los até que o sangue espadanasse,
Afogar na garganta a ultriz sentença,
    Apagá-la em meu sangue.

Sim, eu devera comprimir meu peito
Conter meu coração, que não pulsasse,
Apagado vulcão, que ainda fumega,
    Que faz, que jorra cinzas?

Que me importava a mim teu fingimento,
Se uma hora fui feliz quando te amava,
Se ideei breve sonho de venturas
    Dormido em teu regaço;

Luz mimosa de amor que te apagaste,
Ou gota pura de cristal luzente
Filtrando os poros de uma rocha a custo,
    Caída em negro abismo!

Devera pois meu pranto borrifar-te
Amigo e benfazejo, como aljofar
De branco orvalho em pérolas tornado
    Num cálice de flor:

Não converter-se em pedras de saraiva,
Em chuva de granizo fulminante,
Que em chão de morte as pétalas viçosas
    Desfolhasse entreabertas.

Feliz o doce poeta,
    Cuja lira sonorosa
    Resoa como a queixosa
    Trépida fonte a correr;
        Que só tem palavras meigas,
    Brandos ais, brandos acentos,
    Cuja dor, cujos tormentos
    Sabe-os no peito esconder!

Feliz o doce poeta
    Que não andou em procura
    De terrena formosura,
    Nem as graças lhe notou!
        Que lhe não deu sua lira,
    Que lhe não deu seus cantares,
    Que lhe não deu seus pesares,
    Nem junto dela quedou!

Antes na mente escaldada
    Forma um composto divino
    De algum ente peregrino
    De algum dos filhos dos céus;
        E ante essa imagem criada
    Que vê sempre noite e dia,
    Dobra as leis da fantasia,
    Acurva os desejos seus.

É dela quando se carpe,
    É dela quando suspira,
    É dela quando na lira
    Entoa um canto feliz:
        Dela acordado ou dormido,
    Dela na vida ou na morte,
    Tenha alegre ou triste sorte,
    Seja Laura ou Beatriz!

Que talvez a doce imagem,
    A cismada fantasia
    Há de o poeta algum dia
    Junto de Deus encontrar;
        E que havendo-a produzido
    Antes do mundo formado
    Dê-lhe um sonhar acordado
    Por um viver a sonhar!

ANELO

No lago interior de um peito virgem,
Que os ventos das paixões não agitaram,
Hei de em cifras de amor gravar meu nome,
Onde as nuvens do céu desenham cores.

Nos meigos olhos, que embeleza o mundo,
De corrosivas lágrimas enxutos,
Meu pensamento gravarei num beijo,
Onde as luzes do céu refletem brilhos.

Em sua alma, onde uma harpa melindrosa
Noite e dia seus cânticos afina,
Hei de a vida entornar em doces carmes,
Onde imagens do céu somente brilham.

Que outra coroa melhor, que outra mais pura,
Que uma coroa de amor em fronte virgem?!
Não pesa sobre a fronte, não esmaga,
Não punge o coração, — é toda amores!

Que outra coroa melhor, que outra mais bela
Que a auréola, que Deus concede aos vates?
Com sorriso de amor, talvez chorando,
Cede-a o vate à mulher, que mais o inspira!

Eu te cedo, eu te dou! Coroo-te imagem
Resplendente e sagrada entre as mulheres;
Um beijo só de amor tu me concedas,
Um suspiro sequer do peito exales.

QUE ME PEDES

Tu pedes-me um canto na lira de amores,
Um canto singelo de meigo trovar?!
Um canto fagueiro já — triste — não pôde
Na lira do triste fazer-se escutar.

Outrora, coberto meu leito de flores,
Um canto singelo já soube trovar;
Mas hoje na lira, que o pranto umedece,
As notas de outrora não posso encontrar!

Outrora os ardores que eu tinha no peito
Em cantos singelos podia trovar;
Mas hoje, sofrendo, como hei de sorrir-me,
Mas hoje, traído, como hei de cantar?

Não peças ao bardo, que aflito suspira,
Uns cantos alegres de meigo trovar;
À lira quebrada só restam gemidos,
Ao bardo traído só resta chorar.

O CIÚME

Oh! quanta graça e formosura adorna
              Teu rosto eloquente e vivo!
Se a sombra de um sorrir te afrouxa os lábios,
Prestes outro sorrir dos meus rebenta;
Se vejo os olhos teus, que chorar tentam,
Debalde o pranto meu represo engulo;
Se do teu rosto as rosas se esvaecem,
Eu sinto de temor bater meu peito;
E quando os olhos teus nos meus se fitam,
Nem pesares, nem dores predominam;
Mas sinto que o meu peito se enternece,
Sinto o meu coração bater mais livre,

Sinto o sorriso, que me ri nos lábios,
Sinto o prazer, que me transluz no rosto,
              Sinto delícias na alma!

Quanta beleza tens! — quer dessas graças,
Que o amor inveja — num sarau brilhante
No meio de belezas, que suplantas,
Prazer e galas de as mostrar resumbres;
Quer estejas sozinha e pensativa,
Quer viva e folgazã prazer incites:

Ou num corcel em páramos desertos,
Correndo afoita e louca, e o pé mimoso
Da carreira no afã por sob as vestes
              Transparecer deixando;

Ou balançada num ligeiro barco,
Que de um lago tranquilo as águas frisa,
Soltando a voz às brisas namoradas,
        Que de te ouvir suspiram;

Ou numa bronca penha descalvada
O mar e os céus contemples pensativa,
E a rédeas soltas do pensar divagues
        Nos campos do infinito;

És sempre bela: já teus olhos brilhem
Luz que fascina, ou mórbidos reflexos,
Teus lábios entreabertos sempre exalam
        Calor, que incêndio ateia.

Oh! que bela tu és, quando assentada
No teu balcão, ao refulgir da lua,
Manso te apoias em coxins de seda
E o belo azul dos céus triste encarando
Pensas em Deus, — talvez no teu futuro,
Talvez nos teus pesares, — que na fonte
De limpa pura, cristalina e fresca
Aquática serpente usa ocultar-se.
Mas como és bela assim! Com mão sem força
Tirando sons perdidos, sons que encantam,
Sons que infundem prazer, sons da harpa tristes!
Mas como és bela assim! — quando o teu peito
Entre a gaze sutil de leve ondeia!
Como a onda do mar pausada e fraca
Se abaixa, e empola, e mais e mais se achega
À doce praia onde os seus ais se quebram,
Assim teu peito bate, e nos teus lábios
Do extremo palpitar morre um suspiro.
Como da harpa afinada a corda soa
Mal desfere seus sons outro instrumento;
Assim também minha alma se entristece,
Assim também meu peito arqueja e pula!

Eis porque amor me liga aos teus destinos,
Porque sou teu escravo, — bem que saiba
        Que se a tua alma a beleza
        Tem de um anjo a formusura,
        Não tens de um anjo a candura,
        Nem tens dele a singeleza!

Eis porque ardo por ti, porque padeço
        Do inferno crus tormentos;
Porque dos zelos o fel mancha minha alma
        De infames pensamentos!

Mas que importa este amor que me consome?
        Eu quero sentir dor;
Quero lábios que entornem nos meus lábios
        Alento escaldador!

Quero fogo sentir contra o meu peito,
Quero um corpo cingir que eu sinta arder,
Quero beijos só teus, carícias tuas,
        Que dão morrer!

Que importa ao edifício que cintilla,
        De roaz fogo tomado,
        Ser por um raio abrasado
        Ou por ignóbil favila?
        É sempre ardor, sempre fogo,
        Sempre de incêndio o clarão,
        Sempre o amor que estúa e ferve
        Como um gigante vulcão.

A NUVEM DOURADA

(N'um Álbum).

A nuvem dourada se espraia no ocaso,
Roçando com as franjas o trono de Deus;
A águia arrojada seus voos levanta,
Traçando caminhos nos campos dos céus!

Exala perfumes a flor do deserto,
Embora dos ventos o sopro fatal
Embace-lhe as cores, — e o mar orgulhoso
Suspira queixoso — no extenso areal.

E os bardos mimosos nos cantos singelos
Imitam as nuvens no incerto vagar:
Exalam perfumes, — vão sós como as águias,
Suspiram queixumes das vagas do mar.

Por isso quem ama, quem sente no peito
Cantar-lhe das liras a lira melhor;
Os carmes lhes ouve, que os bardos só cantam
Saudades, perfumes, enlevos e amor!

SONHO DE VIRGEM

A D. A. C. G. A.

I

Que sonha a donzela,
Tão vaga, tão linda,
Benquista e bem-vinda
Na terra e no céu?
Que cisma? Que pensa?
Que faz? Que medita,
Que o seio lhe agita
Tão bravo escarcéu?

Que faz a donzela,
Se lágrimas quentes
Das faces ardentes
Lhe queimam a tez?
Que sonha a donzela,
Se um riso fagueiro,
Donoso e ligeiro
Nos lábios lhe vês?

Que faz a donzela,
Que cisma, ou medita?
Talvez lá cogita
Fruir algum bem;
Então por que chora?
Se curte agras dores

De ingratos amores,
O riso a que vem?

Semelha a donzela,
Que ri-se e que chora,
À límpida aurora,
Que orvalha dos céus;
Não luz mais brilhante,
Não chora mais prantos,
Não tem mais encantos,
Que um riso dos seus.

II

Quem me dera saber quais são teus sonhos,
Aventar teus angélicos desejos,
Saber de quantas ledas fantasias,
De quantos melindrosos pensamentos
Um suspiro se nutre, um ai se gera.
Virgem, virgem de amor, que vais boiando
À flor da vida, como rósea folha,
Que aragem branda sacudiu nas águas;
Que gênio bom a mágica vergasta
Em troco de um sorriso te concede?
Que poderosa fada te embalsama
A vida e os sonhos? — que celeste arcanjo
Embala, agita as criações, que ideias,
Como em raio do sol dourados átomos,
Com que invisível ser brincar parece!
Virgem, virgem de amor, quais são teus sonhos?

III

Talvez quando o sol nasce, lá divisas
Na líquida extensão do mar salgado
      Correr com mansas brisas
Um ligeiro batel aparelhado.

As velas de cetim brancas de neve
Rutilam dentre as flâmulas e cores,
      E o barco airoso e leve
Nos remos voga de gentis amores.

Não formam rijos sons celeuma dura,
Nem a companha entre bulcões desmaia;
      Aragem fresca e pura
Doces carmes de amor conduz à praia.

Sonhas talvez nas orlas do ocidente,
De um regato sentada a branda margem,
      Ver surgir de repente
De uma cidade a caprichosa imagem!

Soberbas construções fantasiando,
Vês agulhas sutis cortando os céus,
      E a luz do sol dourando
Rútilos tetos, altos coruchéus.

Sonhas talvez palácios encantados.
Espaçosos jardins, fontes de prata,
      Vergéis de sombra grata,
Onde a alma folga, isenta de cuidados.

Sonhas talvez, mas inocente Armida,
Passar a fácil quadra dos amores,
      Tendo em laço de flores
Preso de quem mais amas peito e vida!

IV

Quem me dera saber quais são teus sonhos,
Aventar teus mais íntimos desejos,
E ser o gênio bom que tos cumprisse!

V

Nem só prazeres medita,
Nem só pensa em belas flores;
Muitas há que almejam dores,
Como outras buscam amor:
É que as punge atra amargura,
Que o peito anseia e fatiga;
É sede que só mitiga
Talvez aflição maior.

Quase gozam, quando sofrem
Um pranto cansado e lento;
Quando um comprido tormento
Lhes derrete o coração:
Não é martírio de sangue,
Como nas eras passadas;
Mas há lágrimas choradas,
Que também martírio são.

Há dores que melhor ralam
Que provas d'água ou de fogo,
Que ver apinhado o povo
N'um banquete canibal;
Que sentir no anfiteatro
As vivas carnes rasgadas,
Pelas unhas afiadas
De um fero lobo cerval.

VI

Quem me dera saber quais são teus sonhos,
Aventar teus mais fundos pensamentos,
E ser o gênio bom que tos cumprisse,
Quando fossem de amor teus meigos sonhos!

VII

Mas donde mana essa fonte
De inexplicável ternura,
Que os golpes da desventura
Não podem jamais cansar;
Essa vida toda extremos,
Esse ardor de todo o instante,
Esse amor sempre constante,
Que nunca se vê minguar?

Quisera virgem donosa
Saber a origem divina
Dessa fonte peregrina
De tanta luz e calor;
Então pudera em meus cantos,
Tratar dos teus meigos sonhos,
Formar uns quadros risonhos
De quanto sentes de amor.

Roubando as cores do Íris,
Das estrelas os fulgores,
O aroma que têm as flores,
O vago que tem o mar;
Talvez poderá os mistérios,
As douradas fantasias,
As singelas alegrias
D'um peito virgem cantar.

MEU ANJO, ESCUTA

Le mal dont j'ai souffert s'est enfui comme un rêve,
Je n'en puis comparer le lointain souvenir
Qu'à ces brouillards légers que l'aurore soulève
Et qu'avec la rosée on voit s'évanouir. *

Musset

1   Meu anjo, escuta: quanto junto à noite
    Perpassa a brisa pelo rosto teu,
    Como suspiro que um menino exala;
    Na voz da brisa quem murmura e fala
5   Brando queixume, que tão triste cala
        No peito teu?
    Sou eu, sou eu, sou eu!

    Quando tu sentes lutuosa imagem
    De aflito pranto com sombrio véu,
10 Rasgado o peito por acerbas dores;
    Quem murcha as flores
    Do brando sonho? — Quem te pinta amores
        Dum puro céu?
    Sou eu, sou eu, sou eu!

15 Se alguém te acorda do celeste arroubo,
    Na amenidade do silêncio teu,
    Quando tua alma noutros mundos erra,
        Se alguém descerra
        Ao lado teu

---

* O mal do qual sofri desapareceu como um sonho,
  Só posso comparar uma longínqua lembrança
  A estas neblinas leves que a aurora levanta
  E que com o orvalho se vê desaparecer.
Musset: poeta francês (1810-1857).

20   Fraco suspiro que no peito encerra;
      Sou eu, sou eu, sou eu!

      Se alguém se aflige de te ver chorosa,
      Se alguém se alegra com um sorriso teu,
      Se alguém suspira de te ver formosa
      O mar e a terra a enamorar e o céu;
25   Se alguém definha
          Por amor teu,
      Sou eu, sou eu, sou eu!

OS BEIJOS

Amo uns suspiros quebrados
Sobre uns lábios nacarados
A gemer, a soluçar;
Como a onda bonançosa,
Que numa praia arenosa
Vem tristemente expirar!

Amo ouvir uma voz pura,
Uns acentos de ternura,
Que trazem vida e calor;
Que se derramam a medo,
Como temendo o segredo
Revelar do oculto amor!

Amo a lágrima que chora
Terna virgem que descora,
Presa de interna aflição;
Amo um riso, um gesto vivo,
Um olhar honesto, esquivo,
Que alumia o coração.

Porém mais que o olhar honesto,
Mais que o riso e brando gesto,
Mais do que o pranto a correr,
Mais que a voz quando amor jura,
Que um suspiro de ternura,
Que vem aos lábios morrer;

Amo o leve som de um beijo,
Quando rompe o véu do pejo,
Mal sentido a murmurar:
É viva flor de esperança,
Que nos promette bonança,
Como a flor do nenúfar.

Mente o olhar da donzela,
Mente a voz que amor assela,
Mente o riso, mente a dor;
Mente o cansado desejo.
Só não mente o som de um beijo,
Primícias de um longo amor!

Beijos que são? Duas vidas,
São duas almas unidas,
Que o mesmo fogo consome:
São laço estreito de amores;
Porque são os lábios flores
De que os beijos são perfume!

Beijos que são? — Ai do peito,
Selo breve, laço estreito
D'um cansado bem querer;
Saibo dos gozos divinos,
Que nos lábios femininos
Quis Deus bondoso verter.

Já por feliz me tivera,
Triste de mim! Se eu pudera
Dizer o que os beijos são:
Sei que inspiram luz e calma,
Sei que dão remanso à alma,
Que trazem fogo à paixão.

Sei que são flor de esperança,
Que nos prometem bonança,
Como a flor do nenúhar:
Quem fruiu um ledo beijo,
Ter não pode outro desejo,
Nada já pode gozar.

Sei que deles não se esquece
Triste velho, que esmorece
À míngua de coração:
Viva estrela em noite escura,
Viva brasa em cinza pura,
Em neve algente um vulcão.

Sei que fruí-los uma hora
De ventura sedutora,
É subir em vida aos céus,
É fugir da vida escassa,
Roubar ao tempo que passa
Um dos momentos de Deus.

Sei que são flor de esperança,
Que nos prometem bonança,
Como a flor do nenúfar!
Quem os fruiu o que espera?
Já gozou, já não tem era,
Já não tem mais que esperar.

DESESPERANÇA

Antes d'espirar el dia,
Vi morir a mi esperanza.

Zarate.

Que me importa do mundo a inclemência
E esta vida cruel, amargada?
Desde que os olhos abri à existência
Um vislumbre de amor não achei!
Nem uma hora tranquila e fadada,
Nem um gozo me foi lenitivo;
Mas no mundo maldito em que vivo
Quantas ânsias, meu Deus, não provei!

Já bastante lutei com meu fado!
Quando outrora corri descuidoso
Atrás de um bem, não real, mas sonhado,
Transbordava de sonhos gentis:
Eu julgava que a um peito brioso
Ou que a uma alma que fácil se inflama
Por virtudes, por glória, ou por fama,
Era fácil aqui ser feliz.

Via o mundo através dos meus prantos
A sorrir-se pra mim caroável,
Refletindo celestes encantos,
Que era visto d'um prisma através:
Hoje trevas em manto palpável
Me circundam, — nem já por acerto
Vejo triste nos prantos que verto
Luz do céu refletida outra vez!

Que me resta na terra? — Estas flores
Afagadas do sopro da brisa,
Disputando do sol os fulgores,
Balançadas no débil hastil!
Estas fontes de prata, que frisa
Brando vento, — estas nuvens brilhantes,
Estas selvas sem fim, sussurrantes,
Estes céus do gigante Brasil;

Nada já me renova a esperança,
Que jaz morta qual flor ressequida,
Só me resta a querida lembrança
Que o martírio se acaba nos céus:
Foge pois, ó minha alma, da vida;
Foge, foge da vida mesquinha,
Leva a tímida esperança, caminha,
Até parar na presença de Deus.

Que estes gozos de etéreos prazeres,
Que esta fonte de luz que ilumina,
Que estes vagos fantasmas de seres,
Que cismando só posso enxergar;
Que os amores de essência divina,
Que eu concebo e procuro e não vejo,
Que este fundo e cansado desejo,
Deus somente te os pode fartar.

Vai assim a medrosa donzela,
Pura e casta na ingênua beleza,
Buscar luz à remota capela,
Branca cera na pálida mão:
Tudo é sombra, silêncio e tristeza!
Mas ao toque do fogo sagrado,
Arde em chamas o círio apagado,
Já rutila brilhante clarão.

SE QUERES QUE EU SONHE

Sur mon front, où peut-etre s'acheve
Un songe noir qui trop long temps dura,
Que ton regard come un astre se leve,
Soudain mon rêve
Rayonnerá.

V. Hugo.

Tu queres que eu sonhe! — que ao menos dormido
Conheça alegrias, desfrute prazeres,
      Que nunca provei;
Que ao menos nas asas de um sonho mentido
Perdido — arroubado, também diga: amei!

Tu queres que eu sonhe! — não sabes que a vida
Me corre penosa, — que amarga por vezes
      A própria ilusão!
No pálido riso d'uma alma afligida,
Que envida — ser leda, que dores não vão!

Se o pranto, que os olhos cansados inflama,
Nos olhos de estranhos simpático brilha,
      Mais agro penar
Do triste o sorriso nos peitos derrama,
Se a chama — revela, que almeja ocultar.

Sonhando, percebo na mente agitada
Um mar sem limites, áreas fundidas
      Aos raios do sol;

E um marco não vejo perdido na estrada
Cansada, — não vejo longínquo farol!

E queres que eu sonhe! — Nas águas revoltas
O nauta, ludíbrio de horrenda procela,
    Se pode dormir,
Às vagas cruzadas, em sustos envoltas,
Às soltas — percebe raivosas bramir.

Talvez porém sonha que as ondas mendazes
O levam domadas à terra querida,
    Que entrou em seus lares!...
E triste desperta, que os ventos fugazes
Nas faces — a espuma lhe atiram dos mares.

Se queres que eu sonhe, — que alguma alegria
Dormido conheça — que frua prazeres
    D'um plácido amor;
Vem tu como estrela da noite sombria,
Que enfia — seus raios das selvas no horror,

Brilhar nos meus sonhos. — Então sossegado,
Cismando prazeres, que na alma se entranham,
    D'um riso dos teus
Coberto o meu rosto, — fugira o meu fado
Quebrado — aos encantos de um anjo dos céus.

Vem junto ao meu leito, quando eu for dormido,
Que eu sinta os perfumes que exalas passando;
    Não sofro — direi:
E ao menos nas asas de um sonho mentido
Perdido — arroubado, talvez diga: — amei! —

O BAILE

> *Sonemos gozando*
> *Fortuna tan vana,*
> *Y el sol de mañana*
> *Que vea al salir*
> *Que al son de la orquesta*
> *Danzando en la festa,*
> *No es carga funesta*
> *La vida feliz.*
>
> Zorrilla.

As salas vão-se enchendo, as luzes brilham
Nos prismas de cristal repercutidas,
      Enquanto as flores
Dos bufês nas jarras coloridas
      Acres odores
Soltam; ao mar de luzes misturando
De inocente perfume outro mar brando
Com requebros e amor gentis donzelas,
      Em riso e festa,
      Medindo os passos
      Aos sons da orquestra;
      Pendem dos braços
Do namorado, lépido galã!
Esta risonha, aquela pensativa,
      Outra menos esquiva,
Atenta às vozes, que o prazer lhe entranham,
      E à frase cortesã,
Que lhe entorna a lisonja nos ouvidos;

Vão descuidosas,
Nos lábios risos,
Nas faces rosas,
Dando fé a protestos fementidos.

Triunfo às belas! O prazer começa:
Correm da taça vinhos espumosos,
Gratos licores;
Tangida pela mão dos Trovadores
Desfaz-se a lira em sons melodiosos,
Em cântico de amores.
Soltam mais viva luz as brancas velas,
Melhor perfume as flores.
Ativa-se o prazer; triunfo às belas!
Aqui, ali, além, mil rostos belos,
Da valsa ao giro rápido se mostram,
De gemas enastrados os cabelos;
E o peito que anelante
Palpita entumecido
Nas ondas do prazer ebrifestante,
D'um leve colorido
Banha o semblante,
Que mais e mais com a noite se enrubece:
Triunfo às belas, — o prazer recresce!

Perdido entanto neste mar de luzes,
Mar de amor, de perfumes, que me inunda,
Contemplo indiferente
Quanto em redor diviso;
E entre tanto ruído e tanta gente,
Nem um sorriso
Verdadeiro, inocente!
Nem um sincero raio de alegria,
Nem um peito contente
Neste mar de perfumes e harmonia!

Então digo entre mim:—Talvez aquela,
        Que tem melhores cores,
        Que mais leda se mostra,
Que mais feliz no gesto se revela,
        Sente mais finas dores;
        O íntimo desgosto,
        A febre que a devora
        Lhe dá calor ao rosto,
        E no silêncio chora,
Presa de uma aflição devoradora.

Uma tristeza funda, inexprimível
        O coração me anseia;
E triste e solitário num recanto,
Nunca mais solitário, nem mais triste
Do que entre a multidão que me rodeia,
Não encontro maior, mais doce encanto
Que deixar-me arrastar por uma ideia,
        Que me avassala a mente.
        Que me importa esta gente,
Estes rostos que vejo e não conheço,
E o riso a que mil outros dão apreço?
        Esta fingida alegria,
        Esta ventura que mente,
Que será delas ao romper do dia?
Destas virgens louçãs as mais mimosas
Mortas serão talvez antes que murchem
Do branco seio as encarnadas rosas!
Grinaldas festivais, que a morte espalha
        No lúgubre terreiro;
        O pó as enxovalha,
Murchas aos pés do esquálido coveiro!

DESALENTO

Without a hope in life!

Crabbe.

Nascer, lutar, sofrer — eis toda a vida:
De esperança e de amor um raio breve
        Se mistura e confunde
Às cruas dores de um viver cansado,
Como raio fugaz que luz nas trevas
        Para as tornar mais feias!

Da verde infância os sonhos melindrosos,
Nobres aspirações da juventude,
        Amor de glória insensato,
Com que mais alto a mente se extasia;
São vãos fantasmas que produz a febre,
        São ilusões que mentem!

São as folhas virentes arrancadas
De um arbusto viçoso, antes que brotem
        Da primavera as flores;
A penugem que nasce antes das asas,
Um estéril botão que não dá flores,
        Ou flor que não dá frutos!

Foge, mancebo, lá te espreita o mundo!
Como áreas de um páramo deserto,
        Ressequido, abrasado,
Provoca o teu sofrer, teu pranto espia,

Sedento almeja as lágrimas, que entornas
Nos areais da vida.

Se inda tens coração, hão de esmagar-te;
As setas da calúnia irão cravar-te
      Na parte mais sensível:
Se tens alma, se elétrico palpitas
De pátria e de virtude aos nomes santos,
      Foge outra vez ao mundo.

Não queiras, num acesso doloroso,
Às mãos ambas ferindo o peito crédulo
      Exclamar delirante:
"Minha pátria onde está? — Onde estes homens,
Que a par de meus irmãos amar devera,
      Da mesma pátria filhos?"

"E a virtude também, onde hei de achá-la?
"Se é mais que nome vão, onde é que existe?
      "Onde é que se pratica?
"Se os modernos Catões a graça esmolam
"Do rei — ou, cortesãos da populaça,
      "Rojam por terra ignóbeis!

"Se a mão do poderoso, a mão dourada
"Do crime impune — esbofeteia as faces
      "Do homem vil, que a beija!
"Oh! Meus irmãos não são, não são os filhos
"Desta pátria, que eu amo, — torce o rosto
      "De os ver a humanidade."

Despe-se a vida então dos seus encantos,
E o homem na lembrança revivendo
      O percorrido estádio,
Tem por marcos de estrada os monumentos,
Com que os mais fortes laços se desatam,
      — A pirâmide e a campa!

Do sonho juvenil murchas as cores,
Sem ilusões, sem fé — nublado, escuro
          O presente e o porvir,
No crepe de abortados pensamentos
Se envolve — e os olhos tesos no sepulcro
          A tarda morte aguarda!

Mas eu, qual viajor, vago perdido
Pela face da terra! — Amigo lume
          Não me convida ao longe;
E ao sentar-me na mesa dos estranhos,
Digo: — Longe serei antes do ocaso! —
          E a divagar prossigo.

Mal aceito conviva me despeço!...
Às calúnias que passo, a dor que sofro,
          Não me ferem profundas;
Bem como a rola, que das matas desce,
E nas asas recebe o pó da estrada,
          Que voando sacode.

Minha hora derradeira soe em breve,
A só esperança que aos mortais não falha!
          Morrerei tranquilo;
Bem como a ave, ao por do sol, deitando
Debaixo da asa a tímida cabeça,
          Da noite o sono aguarda.

A QUEDA DE SATANÁS

(Tradução)

Eis que tomba da abóbada celeste
O arcanjo audaz, o serafim manchado.
Desenrolando o corpo volumoso,
Despenhado precípite, — qual mundo
Dos eixos arrancado, — como um vivo
Dos céus fragmento enorme ele caía!
Caia lá daqueles céus brilhantes,
Donde ainda os seus iguais lançavam raios;
Caía! — e a cerviz no espaço ardendo
As esferas dos sóis de cor de sangue,
           Passando, avermelhava.

Ei-lo, o maldito, o arcanjo da blasfêmia,
Rival do credor! — tem o imo peito
Pelas flechas da anátema varado,
Como num turbilhão, desce rodando;
Ondas dum mar de fogo o vem cercando,
         E ele oculta a cabeça,
         Como que procurasse
         Nas entranhas da noite
         Esconder seu desdouro.

Clamavam — longe — os mundos com voz forte:
"Que insensato! Onde vai? Nesse arrojado,
Frenético voar, que vento o impele,
Que de astro em astro vai, dum céu em outro?

                    Vede como é sombrio!
Oh! Quem outro que está daquele arcanjo
                    De tão belo semblante,
                    Lúcifer radiante,
Cujo sopro era como o romper da alva,
Que as portas da manhã nos céus abria,
                    Trazendo consigo a aurora,
                    Que o seu alento acendia!
                    Acaso o reconhecestes?
Era ontem brilhante, novo e belo;
E hoje é feio e nu e descalvado,
Nas asas da tormenta balouçado,
                    Nas asas dos bulcões;
                    E os seus olhos fulminados
                    Já sem pupilas fumegam
                    Quais crateras de vulcões!

O arcanjo os escutava, ameaçando-os
                    Com o olhar fulminante;
Que cheio de ímpio orgulho já sentia
Uma coroa de rei cingir-lhe a fronte.
Todos os astros que no espaço giram
Seus olhos de irritados fascinavam;
E os astros todos de terror tremiam,
Saudando a coruscante realeza.

E já os céus sem fim, estrelas, mundos
                    Atrás dele se perderam;
E nas profundas solidões do espaço
O arcanjo abandonado apenas via
                    A noite, e sempre a noite!
Tem medo, olha, procura.... — Um astro! Um astro
Transviado nos céus! — O arcanjo o avista!
Estende a mão convulsa arrepelando-o;
Segura, arrasta-o, e de um só pulo ardido
Trá-lo potente ao limiar do inferno,
                    Alentando açodado.

O errante cometa duas vezes
Ao tetro boqueirão levou consigo,
E duas vezes, como um negro abutre,
Lutando corpo a corpo, de cansaço
                    Sentiu-se esmorecer.
Duas vezes também o astro vítima,
Suplicando medroso, as ígneas asas
Bateu, sublime grito aos céus mandando.
O nome do Senhor por duas vezes
O rebelde venceu, — ele sozinho
                    Caiu no fundo abismo.

CANÇÃO DE BUG-JARGAL

(Tradução)

Maria, porque me foges,
Porque me foges, donzela?
Minha voz! O que tem ela,
Que te faz estremecer;
Tão temível sou acaso?
Sei amar, cantar, sofrer.

E quando através dos troncos
Descubro de altos coqueiros
Junto às margens dos ribeiros
A sombra tua a vagar;
Julgo ver passar um anjo
Que os meus olhos faz cegar.

E dos lábios teus se escuto
Deslizar-se a voz, Maria,
Cheio de estranha harmonia
Pulsa o peito meu queixoso,
Que mistura aos teus acentos
Tênue suspiro afanoso.

Tua voz! Eu quero ouvir-te
Mais do que as aves cantando,
Que vem da terra voando,
Onde eu a vida provei;
Da terra onde eu era livre,
Da terra onde eu era rei!

Liberdade e realeza,
Hei de perder da lembrança;
Família, dever, vingança...
Até a vingança me esquece,
Fruto amargo e deleitoso,
Que tão tarde amadurece!

És, Maria, qual palmeira,
Altiva, esbelta, engraçada,
No tronco seu balançada
Por leve brisa fagueira,
No teu amante a rever-te,
Como na fonte a palmeira.

Mas não sabes? — Do deserto
A tempestade valente
Corre às vezes de repente
Por acabar apressada
Com seu hálito de fogo
A palmeira, a fonte amada!

E a fonte já mais não corre!
Sente a verdura sumir-se
A palmeira, e contrair-se
A palma sua ao redor,
Que de cabelos dava ares
De coroa tendo o esplendor!

De espanhola ó branca filha,
Teme por teu coração;
Teme a força do vulcão
Que vai breve rebentar,
E depois amplo deserto
Só poderás contemplar.

Talvez que então te arrependas
De me haveres desdenhado
Porque houveras encontrado,
Salvação no meu amor;
Como o kathá leva à fonte
O sedento viajor.

Porque assim tu me desdenhas
Não, Maria, não o sei
Que entre as frontes humanas,
Entre as frontes soberanas,
Levanto a fronte; sou rei.

Sou preto, sim, tu és branca;
Mas que importa? Junto ao dia
A noite o poente cria
E cria a aurora também,
Que mais luzentes belezas,
Mais doces do que eles tem.

HAGAR NO DESERTO

> *14. Surrexit itaque Abraham mane, et tollens panem et utrem aqual, imposuit scapulal; ejus, tradiditque puerum, et demisit eam. Quse cum abiisset, errabat in solitudine Bersabée.*
> *15. Cumque consumpta esset aqua in utre, abjecit puerum subter unam arborum, quae ibi erant.*
> *26. Et abiit, seditque e regione procul quantum potest arcus jacere: dixit enim: non videbo morientem puerum: et sedens contra, levavit vocem suam et flevit.*
>
> Gênesis, Cap. 21.

Pálido o rosto e queimado
   Pelo sol do Egito ardente,
   Saía a escrava inocente
   Com o filho inocente ao lado
   Da tenda patriarcal.
      A pobrezinha chorava!
   Alguns pães e um frasco d'água
   E um peito cheio de mágoa!...
   Vê, contempla, oh triste escrava,
   Teu sepulcro no areal.

Abrahão se compadece;
   Mas debalde o solicita
   Piedade santa, — de aflita
   Sem queixar-se, lhe obedece

A triste escrava do amor,
    Quisera talvez detê-la...
Porém que? — Sarai lhe implora,
Deus lhe ordena: — vai-te embora,
Vai-te escrava; e a tua estrela
Te depare outro senhor.

O sol brilhante nascia
    Sobre as tendas alvejantes,
    E noutros pontos distantes
    Combros de areia feria,
    Outrora leito dum mar;
        Esse caminho procura,
    Que nas ondas do deserto
    Talvez ache por acerto
    Pátria, abrigo, amor, ventura
    A prole infausta de Hagar.

Vai, caminha; mas ao passo
    Que no deserto se entranha,
    Arde o sol com fúria estranha,
    Racha a areia o pé descalço,
    Cresta o vento os lábios seus;
        E ao lado o filho inocente
    Soltava tristes gemidos,
    Com os olhos umedecidos
    Fitando a mãe ternamente,
    Que os olhos tinha nos céus!

Procura terras do Egito;
    Porém debalde as procura:
    Vai a triste, sem ventura,
    Lento o passo, o rosto aflito,
    Pela inculta Bersabé.
        Seu Ismael desfalece;
    No deserto imenso, adusto,

  Não enxerga um só arbusto:
  Jeová deles se esquece!
  Cresce a dor, e míngua a fé.

Pede sombra o triste infante:
  Não há sombra, — água suplica;
  Exaurido o vaso fica,
  Pede mais de instante a instante...
  Pobre escrava, oh! Quanto dó!
   Pudesses rasgar as veias,
  Tornar águas inocentes
  Tuas lágrimas ardentes;
  Mas só vês d'um lado areias,
  D'outro lado areias só.

Pois não há quem o proteja,
  Diz a escrava lá consigo,
  Vendo o fado seu imigo,
  Meu filho morrer não veja,
  Bem que eu tenha de morrer.
   A um tiro de arco distante
  Se arrasta com lento passo,
  Tomba o corpo enfermo e lasso,
  E amargo pranto abundante
  Deixa dos olhos correr.

Deus porém ouvia a prece
  Da escrava, da mãe coitada,
  E da celeste morada
  Librado um arcanjo desce
  Nas asas da compaixão.
   Expira em torno ar de vida,
  Um aroma deleitoso,
  E num sonho aventuroso
  Hagar seus males olvida,
  Olvida a sua aflição.

Dorme e sonha, oh! Triste escrava,
    Deus senhor sobre ti vela!
    Dorme e sonha: — a tua estrela
    Nasce como um romper da alva
    Sobre os netos de Ismael.
        Esquece a sorte mesquinha,
    Que te vexa, — esquece tudo;
    Deus senhor é teu escudo,
    Já não és serva, és rainha
    Doutro reino de Israel.

Como quando elevados nas alturas
Descobrimos incógnitas paisagens,
Densas florestas, áridas planuras
E de rios caudais virentes margens;

Assim da vida o sonho te arrebata,
Rasgando o véu do tempo e do infinito,
E uma cena vistosa te retrata,
Que vai da Arábia ao portentoso Egito.

Vê como o filho teu, feroz guerreiro,
Nos prainos do deserto eleva as tendas,
E, posto a seus irmãos sempre fronteiro,
Provoca e trama aspérrimas contendas.

São doze os filhos — doze reis potentes —
Com eles Ismael tudo avassala;
É sua espada a lei das outras gentes,
Seus decretos os campos da batalha.

A sorte seus desígnios favoneia,
Segue seus passos a benção divina,
Povoa-se Faran, surge da areia
De Meca o templo, os paços de Medina.

Crescem, dominam: largo reino ingente
Mesquinha habitação presta a seus netos,
Convertida em nação a grei potente,
Que oprime a cerviz móbil dos desertos.

Mas entre os filhos seus de nomeada,
Superior dos heróis à grande altura,
Na sinistra o alcorão, na destra a espada,
A efígie torva de Mahomé fulgura.

Curva-se a Arábia entanto, a Palestina
À sua lei, da Pérsia o reino antigo;
Escutam Ásia e África a doutrina
Do embusteiro que em Meca achou jazigo:

Mensageiro divino se declara
Aquele que iludido o mundo adora;
Hagar é mãe, — pela vergôntea cara,
Entre orgulhosa e triste, a Deus implora.

Pecou; porém da glória que o circunda
A roxa luz, que o meteoro imita,
De viva resplendor a fronte inunda,
Comove o peito a mísera proscrita.

Curvado ao jugo seu todo o Oriente,
Ainda a Europa inveja o Ismaelita;
E em frente à cruz, o pálido crescente
Aparece na grimpa da mesquita.

Oh! Quanto humano sangue derramado!
Que de prantos e lágrimas vertidas!
Entre irmãos o combate é porfiado,
A raiva intensa, as lutas mal feridas.

De avistar esse quadro tão medonho,
Embora no porvir todo escondido,
A escrava tenta orar; porém no sonho
Resume a prece em lânguido gemido.

Geme de ver em fúria carniceira
A esposa de Mahomé desrespeitada,
E do seu genro a dinastia inteira
Por duro azar de guerra contrastada.

Sucedem-se os Omíadas valentes;
Do seu último rei, oh dor! se coalha
O sangue na mesquita: entre essas gentes
Vinga o punhal a sorte da batalha.

O vencedor então, não poucas vezes,
Chegando à boca a taça corrompida,
Experimenta os tristíssimos revezes
De quem sobre os troféus exala a vida!

Tudo é silêncio e luto: — um só evita
O negro olvido, — ao templo da memória
Voa Al-Raschid, — unindo à gloria avita
O louro da ciência e o da vitória.

Com seu vizir à noite pelas ruas
Escuta dos estranhos mercadores
A glória de outros reis menor que as suas,
E espreita do seu povo as agras dores!

Se ouviu a narração de uma desgraça,
Se o pobre vê curvado a prepotência,
Se o convidam a entrar, quando ele passa,
No abrigo do infortúnio e da inocência,

Entrou e viu! Mas o fulgor crástino
Ri-se mais brando aos peitos sofredores;
Passa o rei, como orvalho cristalino,
E, por onde passou, recendem flores.

Mudado o sonho a fugitiva escrava
Estranhos povos nota, estranhas terras,
Que o Darro ensopa e o Guadalete lava,
Nadando em sangue de cruentas guerras.

Quem foi que as altas portas
  Abriu de Espanha aos mouros;
  Que pôs os verdes louros,
  Dos reis godos conquista,
  Às plantas do infiel?
    De tantos males causa
  Tu foste, oh rei Rodrigo,
  Tornando enfezo, imigo,
  O nobre conde, outrora
  Vassalo teu fiel.

Debalde o afeto encobres
  Do refalsado peito,
  Se vais furtivo ao leito
  Da virgem, que se mostra
  Rebelde ao teu amor:
    Que és godo e rei esqueces!
  E o nobre ressentido
  Da ofensa que há sofrido
  No teu exemplo aprende
  A ser também traidor.

Enquanto pois devassas
  Com torpes pensamentos;
  Os régios aposentos
  Da nobre moça, — a coroa

  Te cai da fronte ao chão;
   E o pai, que a afronta punge,
  Turbado, ardendo em ira,
  Aos pés do mouro a atira.
  Que o rei, que planta o crime,
  Recolhe vil traição.

Sus, oh rei, às armas!
  Empunha a larga espada,
  E a fronte sombreada
  Com o negro elmo — deixa
  Tingir-se em nobre pó:
   De encontro às alas densas
  Do bárbaro inimigo
  Debalde, oh! rei Rodrigo,
  Te arrojas! — Vence à força,
  Foges vencido e só!

Vai só; mas ocultando
  No manto dum soldado
  O rosto demudado,
  Enquanto passa o campo,
  Escasso leito aos seus:
   Ai! Triste rei caído!
  Na solitária ermida,
  Que abriga a inútil vida,
  No pó colada a fronte,
  Lembra-te enfim de Deus.

Lembrem-te os muitos erros
  E o crime grave, enquanto
  As mães godas em pranto
  O nome teu maldizem,
  E ao céu clamando estão.
   Enquanto pela Ibéria
  O árabe audaz e forte,

Espalha o susto, a morte,
Por onde quer que solta
Ao vento o seu pendão.

Passam avante, calcam
Dos Pirineus as serras,
Levando cruas guerras
Ao dilatado império
Do intrépido gaulês.
    Debalde o grande Carlos
Opõe-se-lhes, — que a História
Nos traz inda à memória
Dos tristes Roncesvalles
O mísero revés.

Porém do largo império
De Córdoba e Granada
A coroa cai pesada
Na fronte amolecida
Do moço Boabdil.
    O fraco teme os ecos
Ouvir da acesa guerra,
E perde a nobre terra
Ganhada em mil batalhas
Com pranto feminil.

Depois ainda outros quadros
Enxerga no futuro;
Mas é um ponto escuro,
São formas vagas, postas
Em duvidosa luz.
    Já naves são, já hostes,
Tropel de vária gente,
Que parte do Ocidente,
Em cujos peitos brilha
De Cristo a roxa cruz.

Hagar enfim acorda!
   Sustendo o filho caro
   Pelo deserto avaro
   Se entranha novamente,
   Mais solto o coração.
      Parece que já sente
   No rosto ao belo infante
   A glória radiante,
   Que espera os descendentes
   Da forte geração.

E como Deus lhe há dito,
   Seus filhos são guerreiros,
   Que a seus irmãos fronteiros
   Cruentos prélios movem:
   Temidos são; porém
      As filhas desses bravos
   Da vida sequestradas
   Escravas são coitadas,
   Que da materna origem
   Recordam-se no Harém.

Vai, caminha, oh triste escrava,
Deus Senhor sobre ti vela;
Vai, caminha: a tua estrela
Nasce como um romper d'alva
Sobre os netos de Ismael.

   Esquece a sorte mesquinha
Que te vexa, esquece tudo
Deus Senhor é teu escudo:
— Já não és serva, és rainha
   D'outro reino Israel.

HINOS

Singe dem Herrn mein Lied, und du, begeisterte Seele,
Werde ganz Jubel dem Gott, den alle Wesen bekennen!
*Wieland**

MESQUINHO TRIBUTO DE PROFUNDA AMIZADE
AO DR. J. LISBOA SERRA

---

* Cantarei ao Senhor a minha música, e você, alma entusiasta, com a natureza de confissão, alegrará muito aos deuses!
Wieland.

I. O MEU SEPULCRO

Éleve-toi, mon ame, au dessus de toi même,
Voici l'épreuve de ta foi'
Que l'impie, assistant à ton heure supreme,
Ne dise pas: Voyez, il tremble comme moi!

Lamartine — *Harmonies.*

Quando os olhos cerrando à luz da vida
O extremo adeus soltar às esperanças,
Que na terra nos guiam, nos confortam
E espaço do porvir a senda estreita;
Quando, isento de míseros cuidados,
Disser adeus às ilusões douradas,
Mas com elas também as dores cruas
Da existência — aos espinhos pontiagudos,
Com que a verdade o coração nos roça;
Quando tocada não sentir minha alma
Da luz, dos sons, das cores, das magias,
Que a natureza pródiga derrama
No regaço da terra — mais ditoso
Serei acaso então? — Quando o meu corpo
À terra, nossa mãe, pedindo abrigo
Dos sepulcros no vale em paz descanse,
Hei de ser mais feliz porque me cobre
Pomposo mausoléu, em vez da pedra
Sem nome, — em vez do túmulo de céspedes,
Que se ergue junto à estrada, e ao viandante,
Ao que ali passa uma oração suplica?
Não! — ao encalmado é grata a sombra;

Grato descanso aos membros fatigados
Presta igualmente a relva das campinas
E os torrões pelo sol endurecidos.
Como o trabalhador que a sesta aguarda,
O meu termo fatal sem medo espero!
Eu então pedirei silêncio à morte,
E fresca sombra à sepultura humilde,
Que me receba, — e à cuja superfície
Morram sem eco da existência as vagas.

Humilde seja embora! Que me importa
Que a mão de hábil artista me não talhe
Mentiroso epitáfio em preto mármore!
O moimento faustoso, que se erige,
Arranco da vaidade, sobre a campa
De um corpo transitório, acaso empece
Aos que ali pascem, vermes esfaimados
De roerem-lhe as vísceras?! — Solenes
São da campa os mistérios; mas terrível
E da morte a rasoura, que nivela
O rico ao pobre, e os berços diferentes
Torna um féretro, um leito de Procusto,
Capaz de quanta dor os homens sofrem:
Tão depressa o cadáver se corrompe
Nas amplas dobras do veludo envolto,
Como embrulhado na mortalha exígua,
Que a religiosa caridade amiga,
O pudor dos sepulcros venerando,
Lança do pobre aos restos desprezados.

Os felizes do mundo acovardados
Ante a imagem da morte, que os assalta,
Temem deixar a terra, onde tranquila,
Quase livre de dor, entre delícias,
Como um rio caudal lhes corre a vida.
Horrorizam-se tímidos, — suplicam

À cruel, que os não leve, que os não roube
À senda matizada, onde os seus passos
Deslizam-se macios — às carícias
Dum seio que lhes presta brando encosto.
O fio da esperança os liga forte
A um corpo que declina, como os lios
De enrediça tenaz prendida à copa
Duma árvore comida: amedrontados,
Como das faces negras dum abismo,
Do pavoroso túmulo recuam.

Mas eu que vago solto, como a folha,
Como o fumo sutil, que não limito
Nos términos da terra os meus desejos,
Folgo de ver os renques dos sepulcros
No chão da morte largamente esparsos!
Quase me alegra vê-los. Tal no exílio
Contempla à beira-mar o degradado
Devolverem-se as vagas, — e saudoso
Da pátria sua tão distante — as conta;
Uma por uma as interroga, e pensa
Qual daquelas será que o leve e atire,
Náufrago embora e semimorto, às praias;
Porque choram seus olhos. — No desterro
Me contemplo também, — como ele, choro
A pátria, o imã dos meus sonhos gratos.
Abra-se funda a cova ante os meus passos:
Um só deles da morte me separe!..
E esse passo andarei, como quem pisa,
Depois de viajar remotos climas,
O pátrio solo, e as auras perfumadas
Do bosque, amigo seu na leda infância,
Bebe de novo, e de as gozar se aplaude.

Hora do passamento! És da existência
O momento mais santo, o mais solene:

Assim o rubro sol, quando no ocaso
Em turbilhões de púrpura se afunda,
Nos morredouros, despontados raios,
Saudoso, extremo adeus à terra envia.
Tal o esposo se aparta suspiroso
E nas asas da brisa manda um beijo
À esposa, que de o ver partir se enluta,
Rola que vaga na amplidão das selvas.

Cheio de melancólica incerteza,
Dir-te-hei: bem vinda! — ó morte, quando os olhos
Voltar atrás na percorrida estrada;
E chorarei talvez, como quem deixa
O cárcere medonho, onde engastada
Nas escarnas da dor gemeu sua alma
Largos anos de antigo sofrimento,
Esse cárcere que ainda as lágrimas lhe verte
Das úmidas paredes, cujos ecos
Ainda parecem na solidão da noite
Repetir seus tristíssimos acentos.

Oh! Quão formosa a vida se revela
A quem já bate às portas do infinito,
Encostado aos umbrais da eternidade,
A vez extrema contemplando o mundo!
A folha já mirrada, a pedra solta,
A flor agreste, a fonte que murmura
E as cantoras do céu, as ledas aves
De variado esmalte, e as suspirosas
Brisas da noite e as do romper da aurora,
A estrela, o sol, o mar, o céu, a terra,
A planta, os animais, tudo então vive,
Tudo conosco simpatiza, — tudo,
Como orquestra afinada por nossa alma,
Acorde aos nossos sentimentos vibra,
Revelando ao que morre os fins da vida.

Dali melhor compreende-se a existência,
Mais vasta respectiva se desdobra
Ante os olhos, que a extrema vez lampejam;
E as cenas que a ilusão junca de flores,
Que o desejo nos mostra, que nos pinta
Cobiçoso, irisante, — que a esperança
Fugaz de vários modos nos matiza;
Glória ambição, prazer, falaz ventura,
Tudo se olvida e apaga — semelhante
À fugitiva estrela ou clarão breve
Dum relâmpago estivo, que um momento
Se mostra e fulge, logo imerso em trevas.

Que importa que eu não tenha uma só coroa
Um mirrado laurel, uma só folha,
Que às novas gerações diga o meu nome
E solicite as atenções futuras?

Sou como o passarinho, quando passa
A flor de um lago e a sombra vacilante
No líquido cristal debalde estampa.
Ou semelhante ao viajor que bate
Da vida a estrada polvorenta, e nota
Como os seus rastos mal impressos cobre
O pó que de seus passos se levanta.
Ah! Que dos louros me não dói a ausência!
Mas de lágrimas, sim, que me orvalhassem
A sepultura humilde, — a cujas gotas
Meus ossos de prazer estremecidos
De as sentir se alegrassem... — mas em troco
Dessa pia oblação, que tantas vezes
Mente ao finado, que as espera eterno,
As lágrimas terei da noite fria,
O fresco humor da chuva, que me eduquem
A agreste flor, que a natureza obriga
A despontar na solitária campa.

Ninguém virá com titubeantes passos
E os olhos lacrimosos, procurando
O meu jazigo; e em falta de epitáfio,
"Ele aqui jaz!" — O coração lhe diga,
E ali se curve então, fundos suspiros
Dando aos ecos do fúnebre recinto,
Envoltos na oração que alegra os mortos.
Certo, ninguém virá; porém tão pouco
Ouvirei maldições, onde escondido,
Já pasto aos vermes, jazerá meu corpo.
Se deixo sobre a terra alguma ofensa,
Se alguma vida exacerbei, se acaso
Alguma simples flor trilhei passando;
Essas, depois de eu morto, convertidos
Os ódios em piedade. — "Em paz descansa"
Dirão ante o meu túmulo, e voltando
A um lado o rosto, — deixarão dos olhos
Compassiva uma lágrima fugir-lhes!

Tu, Senhor, tu, meu Deus, tu me recebe
Na tua santa glória: alarga as asas
Do teu santo perdão, que ao teu conspecto
Humilhado me sinto, como a grama,
Que o pé do viajor sem custo abate.
A ti volvo, oh! Senhor, — bem como o filho
Que ao sopro das paixões soltando as velas
Da juventude ardente, foge ao teto
E ao lar paterno, onde por fim se acolhe,
Consumido o tesouro da inocência,
Com rubor dos andrajos da pobreza,
Que o vexa, — para ver do pai o rosto,
Para escutar-lhe a voz, embora tenha
Sobre a cabeça a maldição pendente.

II. A HARMONIA

I

Os cantos cantados
Na eterna cidade
A só potestade
Da terra e dos céus;
São ledos concertos
De infinda alegria;
Mas essa harmonia
Dos filhos de Deus
    — Quem ouve? — Os arcanjos,
    Que ao rei dos senhores
    Entoam louvores,
    Que vivem de amar.

II

E o giro perene
Dos astros, dos mundos
Dos eixos profundos
No eterno volver;
Do caos medonho
A triste harmonia,
Da noite sombria
No eterno jazer,
    — Quem ouve? — Os arcanjos
    Que os astros regulam,
    Que as notas modulam
    Do eterno girar.

III

E as aves trinando,
E as feras rugindo,
E os ventos zunindo
Da noite no horror;
Também são concertos
Mas esses rugidos
E tristes gemidos
E incerto rumor;
— Quem ouve? — O poeta
Que imita e suspira
Nas cordas da lira
Mais doce cantar.

IV

E as iras medonhas
Do mar alterado,
Ou manso e quebrado
Sem rumo a vagar,
Também são concertos;
Mas essa harmonia
De tanta poesia,
Quem sabe escutar!
— Quem sabe? — O poeta
Que os tristes gemidos
Concerta aos rugidos
Das vagas do mar.

V

E os meigos acentos
Duma alma afinada
E a voz repassada
De interno chorar;

Também são concertos
Mas essa harmonia,
Que Deus nos envia
No alheio penar,
Quem sente? — Quem sofre,
Que a dor embriga
Que triste se paga
De interno pesar.

VI

Se a meiga harmonia
Do céu vem à terra,
Um cântico encerra
De glória e de amor;
Mas quando remonta,
Dos homens, das aves,
Das brisas suaves,
Do mar em furor,
São tímidas queixas,
Que aflitas murmuram,
Que o trono procuram
Do seu criador.

III . A TEMPESTADE

Quem porfiar contigo... ousara
Da glória o poderio;
Tu que fazes gemer pendido o cedro,
Turbar-se o claro rio?

Herculano.

Um raio
Fulgura
No espaço
Esparso,
De luz;
E trêmulo
E puro
Se aviva,
Se esquiva,
Rutila,
Seduz!

Vem a aurora
Pressurosa,
Cor de rosa,
Que se cora
De carmim;
A seus raios
As estrelas,
Que eram belas,
Têm desmaios,
Já por fim.

O sol desponta
Lá no horizonte,
Dourando a fonte,
E o prado e o monte
E o céu e o mar;
E um manto belo
De vivas cores
Adorna as flores,
Que entre verdores
Se vê brilhar.

Um ponto aparece,
Que o dia entristece,
O céu, onde cresce,
De negro a tingir;
Oh! vede a procela
Infrene, mas bela,
No ar se encapela
Já pronta a rugir!

Não solta a voz canora
No bosque o vate alado,
Que um canto de inspirado
Tem sempre a cada aurora;
É mudo quanto habita
Da terra na amplidão.
A coma então luzente
Se agita do arvoredo,
E o vate um canto a medo
Desfere lentamente,
Sentindo opresso o peito
De tanta inspiração.

Fogem do vento que ruge
As nuvens auri-nevadas,
Como ovelhas assustadas

Dum fero lobo cerval;
Estilham-se como as velas
Que no alto mar apanha,
Ardendo na usada sanha,
Subitâneo vendaval.

Bem como serpentes que o frio
Em nós emaranha, — salgadas
As ondas estão, pesadas
Batendo no frouxo arcal.
Disseras que viras vagando
Nas furnas do céu entreabertas,
Que mudas fuzilam, — incertas
Fantasmas do gênio do mal!

E no túrgido ocaso se avista
Entre a cinza que o céu apolvilha,
Um clarão momentâneo que brilha,
Sem das nuvens o seio rasgar;
Logo um raio cintila e mais outro,
Ainda outro veloz, fascinante,
Qual centelha que em rápido instante
Se converte de incêndios em mar.

Um som longínquo cavernoso e oco
Rouqueja, e na amplidão do espaço morre;
Eis outro inda mais perto, inda mais rouco,
Que alpestres cimos mais veloz percorre,
Troveja, estoura, atroa; e dentro em pouco
Do Norte ao Sul, — dum ponto a outro corre:
Devorador incêndio alastra os ares,
Enquanto a noite pesa sobre os mares.

Nos últimos cimos dos montes erguidos
Já silva, já ruge do vento o pegão;
Estorcem-se os leques dos verdes palmares,

Volteiam, rebramam, doudejam nos ares,
Até que lascados baqueiam no chão.

Remexe-se a copa dos troncos altivos,
Transtorna-se, tolda, baqueia também;
E o vento, que as rochas abala no cerro,
Os troncos enlaça nas asas de ferro,
E atira-os raivoso dos montes além.

Da nuvem densa, que no espaço ondeia,
Rasga-se o negro bojo carregado,
E enquanto a luz do raio o sol roxeia,
Onde parece à terra estar colado,
Da chuva, que os sentidos nos enleia,
O forte peso em turbilhão mudado,
Das ruínas completa o grande estrago,
Parecendo mudar a terra em lago.

Inda ronca o trovão retumbante,
Inda o raio fuzila no espaço,
E o corisco num rápido instante
Brilha, fulge, rutila, e fugiu.
Mas se à terra desceu, mirra o tronco,
Cega o triste que iroso ameaça,
E o penedo, que as nuvens devassa,
Como tronco sem viço partiu.

Deixando a palhoça singela,
Humilde labor da pobreza,
Da nossa vaidosa grandeza,
Nivela os fastígios sem dó;
E os templos e as grimpas soberbas,
Palácio ou mesquita preclara,
Que a foice do tempo poupara,
Em breves momentos é pó.

Cresce a chuva, os rios crescem,
Pobres regatos se empolam,
E nas turvas ondas rolam
Grossos troncos a boiar!
O córrego, que ainda há pouco
No torrado leito ardia,
É já torrente bravia,
Que da praia arreda o mar.

Mas ah! Do desditoso,
Que viu crescer a enchente
E desce descuidoso
Ao vale, quando sente
Crescer dum lado e doutro
O mar da aluvião!
Os troncos arrancados
Sem rumo vão boiantes;
E os tetos arrasados,
Inteiros, flutuantes,
Dão antes crua morte,
Que asilo e proteção!

Porém no Ocidente
Se ergueu de repente
O arco luzente,
De Deus o farol;
Sucedem-se as cores,
Que imitam as flores,
Que sembram primores
De um novo arrebol.

Nas águas pousa;
E a base viva
De luz esquiva,
E a curva altiva
Sublima ao céu;

Inda outro arqueia,
Mais desbotado
Quase apagado,
Como embotado
De tênue véu.

Tal a chuva
Transparece,
Quando desce
E ainda vê-se
O sol luzir;
Como a virgem,
Que numa hora
Ri-se e cora,
Depois chora
E torna a rir.

A folha
Luzente
Do orvalho
Nitente
A gota
Retrai:
Vacila,
Palpita;
Mais grossa,
Hesita,
E treme
E cai.

SAUDADES

À minha irmã

J. A. de M.

I

Eras criança ainda; mas teu rosto
De ver-me ao lado teu se espanejava
À luz fugaz de um infantil sorriso!
Eras criança ainda; mas teus olhos
De uma brandura angélica, indizível,
De simpáticas lágrimas turbavam-se
Ao ver-me o aspecto merencório e triste,
E amigo refrigério me sopravam,
Um bálsamo divino sobre as chagas,
Do coração, que a dor me espedaçava!
A luz de uma razão que desabrocha,
As leves graças, que a inocência adornam,
Os infantis requebros, as meiguices
De uma alma ingênua e pura — em ti brilhavam.
Eu, gasto pela dor antes de tempo,
Conhecendo por ti o que era a infância,
Remoçava de ver teu rosto belo.
Pouco era vê-lo! — Em ti me transformava;
Bebendo a tua vida em longos tragos,
Todo o teu ser em mim se transfundia:
Meu era o teu viver, sem que o soubesses,
Tua inocência, tuas graças minhas:
Não, não era ditoso em tais momentos,
Mas de que era infeliz me deslembrava!

Tinhas sobre mim poder imenso,
Indizível condão, e o não sabias!

Assim da tarde a brisa corre à terra,
Embalsamando o ar e o céu de aromas;
Enreda-se entre flores suspirosa,
Geme entre as flores que o luar prateia,
E não sabe, e não vê, quantos queixumes
Apaga — quantas mágoas alivia!
Assim durante a noite o passarinho
Em moita de jasmins derrama oculto
Merencórias canções nos mansos ares;
E não sabe, o feliz, de quantos olhos
Tristes, mas doces lágrimas, arranca!

II

Perderam-te os meus olhos um momento!
E na volta o meu rosto transtornado,
As vestes lutuosas, que eu trajava,
O mudo, amargo pranto que eu vertia,
Anúncio triste foi de uma desdita,
Qual jamais sentirás: teus tenros anos
Pouparam-te essa dor, que não tem nome.
De quando sobre as bordas de um sepulcro
Anseia um filho, — e nas feições queridas
D'um pai, d'um conselheiro, d'um amigo
O selo eterno vai gravando a morte!
Escutei suas últimas palavras,
Repassado de dor! — Junto ao seu leito,
De joelhos, em lágrimas banhado,
Recebi os seus últimos suspiros.
E a luz funérea e triste que lançaram
Seus olhos turvos ao partir da vida
De pálido clarão cobriu meu rosto,
No meu amargo pranto refletindo
O cansado porvir que me aguardava
Tu nada viste, não; mas só de ver-me,
Flor que sorrias ao nascer da aurora

No denso musgo dos teus verdes anos,
A procela iminente pressentiste,
Curvaste o leve hastil, e sobre a terra
Da noite o puro aljôfar derramaste.

III

O encanto se quebrara! — Duros fados
Inda outra vez de ti me separavam.
Assim dois ramos verdes juntos crescem
Num mesmo tronco; mas se o raio os toca,
Lascado o mais robusto cai sem graça
De rojo sobre o chão, enquanto o outro
Da primavera as galas pavoneia!
Já não há quem de novo uni-los possa,
Quem os force a vingar e a florir juntos!

Parti, dizendo adeus à minha infância,
Aos sítios que eu amei, aos rostos caros,
Que eu já no berço conheci, — àqueles
De quem malgrado, a ausência, o tempo, a morte
E a incerteza cruel do meu destino
Não me posso lembrar sem ter saudades,
Sem que aos meus olhos lágrimas despontem.
Parti! Sulquei as vagas do oceano;
Nas horas melancólicas da tarde,
Volvendo atrás o coração e o rosto,
Onde o sol, onde a esperança me ficava,
Misturei meus tristíssimos gemidos
Aos sibilos dos ventos nas enxárcias!

Revolvido e cavado o negro abismo,
Rugia indômito a meus pés: sorvia
No fragor da procela os meus soluços;
Vago triste e sozinho sobre os mares,
— Dizia eu entre mim, — na companhia

De crestados, de ríspidos marujos,
Mais duros que o seu côncavo madeiro!
Ave educada nas floridas selvas,
Vim da praia beijar a fina areia.
Subitâneo tufão arrebatou-me,
Perdi a verde relva, o brando ninho,
Nem jamais casarei doces gorjeios
Ao saudoso rugir dos meus palmares;
Porém a branca angélica mimosa.
Com seu candor enamorando as águas,
Floresce às margens do meu pátrio rio.

IV

Largo espaço de terras estrangeiras
E de climas inóspitos e duros
Interpôs-se entre nós! — Ao ver nublado
Um céu de inverno e as árvores sem folhas,
De neve as altas serras branqueadas,
E entre esta natureza fria e morta
A espaços derramados pelos vales
Triste oliveira, ou fúnebre cipreste,
O coração se me apertou no peito.
Arrasados de lágrimas os olhos,
Segui no pensamento as andorinhas,
Invejando-lhe os voos! — procuravam,
Como eu também nos sonhos que mentiam,
A terra que um sol cálido vigora,
E em frouxa languidez estende os nervos.
Pátria da luz, das flores! — Nunca eu veja
O sol, que adoro tanto, ir afundar-se
Nestes da Europa revoltosos mares;
Nem tíbia lua envolta em nuvens densas,
Luzindo mortuária sobre os campos
De frios seus queimados. — Ai! Dizia,
Ai daquele que um fado aventureiro,

Qual destroço de mísero naufrágio,
À longínqua e remota plaga arroja!
Ai daquele que em terras estrangeiras
Corta nas asas do desejo o espaço,
Enquanto a realidade o vexa entorno
E opresso o coração de dor estala!
Onde a pedra, onde o seio em que descanse?
Que arbusto há de prestar-lhe grata sombra
E olentes flores derramar com a brisa
Na fronte incandecida? Peregrino,
Fere o peito de encontro aos espinheiros!
Insensível a dor, na sua marcha,
Não, não atende ao termo da jornada;
Mas volta atrás o rosto, — e entre as sombras
Confusas do horizonte — enxerga apenas
O débil fio da esperança teso,
E da ingrata distância adelgaçado!

E todavia amei! Pude um momento
Ver perto a doce imagem debruçada
Nas águas do Mondego, — ouvir-lhe um terno
Suspiro do imo peito, mais ameno,
Mais saudoso que as auras encantadas,
Que entre os seus salgueirais moram loquazes!
Foi um momento só! — Talvez agora
Nas mesmas águas se repete imagem
Dos meus sonhos de então! — Talvez a brisa,
Nas folhas dos salgueiros murmurando,
Meu nome junto ao seu repete aos ecos,
Que eu triste e longe dela escuto ainda!

Sim, amei; fosse embora um só momento!
Meu sangue requeimado ao sol dos trópicos
Em vivas labaredas conflagrou-se.
Feliz naquele incêndio ardeu minha alma,
Um ano, talvez mais! Qual foi primeiro

A soltar, a romper tão doces laços
Não poderá dizert'o, em que o quisesse.
Tão louco estava então, — dores tão cruas,
Mágoas tantas depois me acabrunharam,
Que desse meu passado extinta a ideia,
Deixou-me apenas um sofrer confuso,
Como quem de um mau sonho se recorda!
Assim depois de arder um denso bosque
Dos ventos à mercê revoa a cinza
Num páramo deserto! Nada resta;
Nem sequer a vereda solitária,
A cuja extremidade o amor velava!

V

Rotos na infância os laços de família,
Os fados me vedavam reatá-los,
Ter a meu lado uma consorte amada,
Rever-me na afeição dos filhos caros,
Viver neles, curar do seu futuro
E neste empenho consumir meus dias;
Mas ao menos, — pensava, — ser-me-á dado
Amimar e suster nos meus joelhos
Da minha irmã querida a tenra prole,
incliná-la à piedade, — e ao relatar-lhe
Os sucessos da minha vida errante,
Inocular-lhe o dom fatal das lágrimas!
Essa mesma esperança não me ilude;
Ave educada nas floridas selvas,
Um tufão me expeliu do pátrio ninho.
As tardes dos meus dias borrascosos
Não terei de passar, sentado à porta
Do abrigo de meus pais, — nem longe dele,
Verei tranquilo aproximar-se o inverno,
E por do sol dos meus cansados anos.

GUIA DE LEITURA

1. Você acaba de ler *Últimos Cantos*, publicado por Antônio Gonçalves Dias em 1851, quando ele tinha vinte e oito anos. Tendo em vista o que se afirma no texto de apresentação à obra, poderíamos afirmar que o poeta pertence à qual dentre as três correntes românticas?

2. Aponte dois elementos formais em "I- Juca Pirama" e "Canção do Tamoio" que permitiriam afirmar que o poema "traduz" a linguagem e o modo de falar dos índios.

3. No poema "Que me Pedes", o eu lírico recusa-se a produzir versos de encomenda, alegando sentir-se infeliz. Como se explica que o poema tenha sido composto, considerando as limitações para escrevê-lo?

4. O poeta sempre diz verdades? Discorra a esse respeito, retomando a discussão presente no texto de apresentação a respeito da *persona* poética, projetada nos versos.

5. Transcreva dois poemas de *Últimos Cantos* que obedeçam ao esquema de rimas alternadas (ABAB). A seguir, transcreva dois poemas que cumpram o esquema de rimas emparelhadas (AABB) e/ou interpoladas (ABBA).

---

* Para que o professor possa trabalhar o Guia de Leitura com os alunos em sala de aula, não publicamos, aqui, o gabarito das questões. No entanto, pode-se obtê-lo entrando em contato conosco pelo telefone: (11) 3672 8144. Disponibilizamos o gabarito apenas para professores.

QUESTÕES DE VESTIBULAR

1. (UFOP) A afirmativa **correta** é:

a) Gonçalves Dias em sua poesia busca a perfeição formal e o absoluto rigor da métrica, de acordo com o que preconiza a estética romântica.

b) Gonçalves Dias, quase unanimemente considerado pela crítica o nosso primeiro grande poeta romântico, explorou o tema indianista como afirmação da nossa nacionalidade, segundo a crença romântica, e foi mais além ao mostrar-se talentoso na exaltação da natureza e profundamente lírico em poemas como, por exemplo: *Ainda uma vez — Adeus!*, *Como! És tu?*, dentre outros.

c) Para Gonçalves Dias a poesia não narra, não descreve e não é didática. A poesia deve apenas sugerir, pois faz uso da linguagem poética em oposição à linguagem utilitária da prosa, da filosofia e da ciência que faz uso dos signos ordinários do cotidiano.

d) Talvez tenha sido Gonçalves Dias o único grande poeta brasileiro a alcançar o almejado ideal da "impassibilidade", possibilitando, com isso, uma poesia reveladora da realidade exterior, formando, com Castro Alves, a verdadeira poesia empenhada de nossa literatura.

e) Nenhuma das alternativas está correta.

2. (UFMG) Todas as afirmativas sobre o poema *I-Juca Pirama* de Gonçalves Dias, estão corretas, exceto:

a) Caracteriza-se pela adequação do ritmo e da métrica ao assunto enfocado.

b) Destaca o heroísmo e a honradez que caracterizam o herói romântico.

c) Mostra a rivalidade existente entre diversas tribos indígenas.

d) Ressalta a dramaticidade do assunto ao deixar de lado o lirismo romântico.

e) Revela uma preocupação antropológica ao mostrar usos e costumes dos indígenas.

3. (UFRS) Considere as seguintes afirmações:

I – Pode-se afirmar que o Romantismo brasileiro foi a manifestação artística que mais bem expressou o sentimento nacionalista desenvolvido com a independência do país.

II – Os romancistas românticos, preocupados com a formação de uma literatura que expressasse a cor local, criaram romances considerados regionais, mais pela temática do que pela linguagem.

III – A tendência indianista do Romantismo brasileiro tinha por objetivo a desmistificação do papel do índio na história do Brasil desde a colonização.

Quais estão corretas?
a) Apenas I.
b) Apenas II.
c) Apenas I e II.
d) Apenas I e III.
e) I, II e III.

4. (UM-SP) A afirmação: "Enquanto, na Europa, os escritores voltavam-se para os tempos da Idade Média, valorizando os heróis que ajudaram a libertar e construir suas nações, no Brasil desenvolveu-se o Indianismo", que é uma das formas significativas assumidas pelo:

a) nacionalismo realista
b) sentimentalismo romântico
c) sentimentalismo realista
d) nacionalismo romântico
e) realismo naturalista

5. (F.C.CHAGAS-BA)

"É bela a noite, quando grave estende
Sobre a terra dormente o negro manto
De brilhantes estrelas recamado;
Mas nessa escuridão, nesse silêncio
Que ele consigo traz, há um quê de horrível
Que espanta e desespera e geme n'alma;
Um quê de triste que nos lembra a morte!"

Os versos acima:

a) Ilustram a característica romântica da projeção do estado de espírito do poeta nos elementos da natureza.

b) Exemplificam a característica romântica do pessimismo, mal--do-século, que vê na natureza algo nefando, capaz de matar o poeta.

c) Exploram a característica romântica do sentimentalismo amoroso, que vê em tudo a tragédia do amor não correspondido.

d) Apontam a característica romântica do nacionalismo, que valoriza a paisagem de nossa terra.

e) Apresentam a característica romântica do descritivismo, capaz de valorização exagerada da natureza.

Gabarito:
1. b
2. d
3. c
4. d
5. a

CONTINUE COM A GENTE!

- Editora Martin Claret
- editoramartinclaret
- @EdMartinClaret
- www.martinclaret.com.br